좋은 선생님이 되는 비결

선택이론으로 '좋은 학교' 만들기

좋은 선생님이 되는 비결

선택이론으로 '좋은 학교' 만들기

윌리암 글라써 지음 · 박정자 옮김

사람과사람

'좋은 학교'는 실현될 수 있다

오랜 세월 유능하고 헌신적인 분들이 우리 학교교육을 개선하려고 노력해 왔으나 노력한 만큼 좋은 성과를 거두지 못했다. "오랫동안 많은 교육자들이 노력했으나 다른 학교들이 대부분 실패했는데, '좋은 학교'의 질적교육이 성공한다면 무엇 때문인가?" 라고 여러분들이 질문하는 것은 당연하다. 그에 대한 대답으로 에드워드 데밍의 말을 인용하고자 한다. 데밍에 대해서는 독자들도 『좋은 학교(Quality School)』(김인자 편저)와 또 여러 출처를 통해 익히 알고 있을 것이다.

만일 우리가 데밍의 경영사상을 따른다면, 현재와 같은 경제 불황에 빠지지는 않았을 것이라 생각한다. 그의 사상은 산업체에 적용되는 것과 같이 학교에도 그대로 적용될 수 있다.

"지식은 예견이며, 이론에서 나온다. 경험도 이론 없이는 아무것도 가르쳐줄 수 없다. 남의 성공을 모방하려 하지 마라. 배경 이론에 대한 이해가 없으면, 모방도 온통 혼돈을 야기할 수 있다."

다른 교육 프로그램들이 실패한 곳에서 '좋은 학교'의 질적교육 프로그램이 성공할 수 있는 이유는 선택이론이라는 새로운 이론에 바탕을 두고 있기 때문이다. 이 책은 선택이론에 기초해서 쓰여진 첫 교육 프로그램이다. 다른 대부분의 프로그램들이 종전의 자극반응 이론에 기초를 둔 지배 일변도의 교육방식이며, 이러한 지배 논리가 오늘날 우리가 당면하는 교육 및 산업계의 모든 문제의 원인이 되고 있다.

교육에 있어서 성공적인 성과를 거두고 있는 학교들이 대부분 선택이론에 바탕을 두고 있다는 사실은 선택이론을 이해하는 사람이라면 누구나 쉽게 알 수 있을 것이다. 데밍은 성공을 거둔 학교를 무조건 모방하는 것이 매우 어렵다고 말했는데, 그 이유는 바로 이 점 때문이다. 성공적인 학교를 모방하고자 하는 사람이라도 그 성공의 배경 이론인 선택이론을 이해하지 못한다면 실패하고 말 것이다. 그리고 이것이 현재 교육계의 혼돈을 정리할 수 있는 교육개혁을 위한 확실한 처방이 될 것이다.

　　선택이론을 배워서 수업에 적용하고 학생들에게도 가르치려고 노력하는 교직원이라면 누구나 성공할 수 있다. 그 이유는 그들이 왜 성공하는지 그 이유를 알게 될 것이기 때문이다. 그러므로 '좋은 학교'에서 표방하는 질적교육은 교직원들이 실현하려고 노력한다면 어느 학교에서나 재현될 수 있다. 이 책의 목적은 교직원들이 이 이론을 학급 운용에 적용하고 실천하는 구체적 방안들을 제시하는 것이다.

윌리암 글라써

신바람나는 학교 만들려면

이 책은 김인자 교수가 전개하고 있는 '좋은 학교' 운동에 동참하는 분들을 위한 지침서이며, 또한 이 나라 교육개혁을 염려하고 심혈을 기울이고 있는 학부모님들과 교사 및 교육행정가들을 위한 참고자료이다.

원제는 『The Quality School Teacher』인데 저자가 의도하는 'Quality'를 어떻게 옮길 것인가가 시종일관 역자의 미해결 과제로 남았었다. '질적 학교' 라고 직역하자니 '질'이라는 개념을 우리가 통상 대화 중에 언급하는 '고품질' 혹은 '양보다 질'이라 할 때의 그 '질'의 개념처럼 잣대로 헤아리기에 너무나 생소하고 막연하여 많은 이들의 저항이 있었다. 그런데 달리 의역한다는 것도 저자가 정의하는 '질'의 함의가 너무나 본질적이고 구체적이기 때문에 역자의 능력을 벗어나는 것이라 생각되었다. 그래서 앞서 본 연구소를 통해 『좋은 학교』로 이미 번역 출간되었고, 현재 전개 중인 '좋은 학교 운동'과도 일관성이 있도록 '좋은'으로 번역하였다.

우리가 '질적 개선'이라고 할 때는 물론 '질을 향상시킨다'는 의미로 이해된다. '질적 개선'에서 '질적 삶'을 이야기하게 되었다. 즉, '질적 개선→질적 삶→질적세계→질적학습→질적교육→질적교사'를 이름은 지나친 의미의 비약인지도 모르겠다. 그렇다면 독자들의 너그러운 양해를 구하고 싶다.

본서에서 저자 윌리암 글라써 박사는 교육의 '질'을 인간의 생래적 기본욕구 만족과 개인적 특성, 그리고 자기 평가에 따르는 지속적 성장을 위한 기초 수능의 함양을 바탕으로 하는 참교육으로 제시하는 것으로 보인다. 3부에서는 '좋은 학교'에서 의미하는 질에 대한 이해를 돕기 위하여 에드워드 데밍이 제시하는 14가지 질의 조건을 6가지로 축약하고 있는데 독자에 따라서는 이 부분을 먼저 읽어도 무방할 것으로 보인다.

첫째, 따뜻하고 지지해 주는 환경(안전하고 신뢰할 수 있다)

둘째, 학교가 제시할 효용가치가 있는 학습 자료(즉각적이고 실용적인 효용성 외에 심미적, 예술적, 지적, 사회적 가치를 포함)

셋째, 각자 최선을 다 할 수 있다(우수한 질을 성취하는 데 필수적인 노력과 시간을 최대한 투입할 수 있는 기회가 허용된다)

넷째, 학생은 자신의 학습결과를 자율적으로 평가하고 지속적으로 향상시킨다.

다섯째, 질적 학업에는 항상 만족감이나 행복감이 있다.

여섯째, 질적노력은 결코 파괴적이 아니다.

오늘날 인구에 회자되는 질의 개념은 고급이나 고가품의 유사 의미로 그 범위가 좁혀진 듯하다. 한 낱말의 의미 생성이 그 시대상이나 사회의 보편적 가치관을 반영한다고 볼 때, 이러한 의미의 전도는 어쩌면 자연스러운 과정으로 보인다. 오늘날 지도자들은 미래를 바라보며 질적 삶을 제시하고, 우리는 그러한 질적 사회를 꿈

꾼다. 지난 수세기 위계적 양적 팽창만을 가치의 기준으로 삼아온 이 시점에서 우리는 우리가 추구하고자 하는 질적 삶의 '질'이 무엇인지, 그 본질적 개념을 재정립할 필요가 있다고 생각된다.

이 졸역의 초고를 막내 병한이가 봐 주었다. 그 아이의 솔직한 충고와 협조가 도움이 되었다. 이 책에서 제시하는 학교가 있었더라면 아이들도 우리 학부모들도 좀 더 행복했을텐데, 하는 아쉬움을 가지고 이 작업을 하다가 이런 신바람나는 학교가 보고 싶어져서 마음이 바빠지기도 하였다.

우리 자녀들의 학교가 안심하고 힘껏 질적 미래사회를 준비하는 질적 공동체가 되는 것이 우리 모두의 오랜 바램이다. 이 졸역을 통해 미력이나마 보탬이 될 수 있다면 기쁨이고 보람이겠다.

현실요법을 도입하시고, 힘껏 이끌어 오시는 김 인자 교수님과 연구회 강사 및 임원 여러분께 감사 드린다. 또한 '도서출판 사람과 사람' 김 성호 사장님과 편집진 여러분께도 고마운 마음 전하며 발전이 있기를 빈다.

1998년 2월

박 정 자

차 례

I, 선도하는 선생님, 지배하는 선생님

제도를 바꾸어라!
선생님으로서의 가르침을 실패하면
그 제도 자체를 바꾸기 전에는
아무것도 개선할 수 없을 것이다.

이 책은 실제로 질적교육 이념에 관심을 가지고 계신 선생님들에게 구체적인 도움을 드리기 위하여 쓰인 것이다. '좋은 학교'의 질적교육 이념에 여러분과 함께 동참하면서 선생님과 가까워진 느낌이 들기에 이제부터는 여러분을 '선생님'이라고 부르겠다.

1993년 가을 무렵까지 1백 학교 이상의 선생님들이 『좋은 학교』라는 책을 읽고 그 이념에 찬성하여 질적교육 실현에 이바지하고자 계약서에 서명했다. 그들에게 회람도 보내고 계속 연락을 취하고 있지만, '좋은 학교'로 탈바꿈하는데 반드시 필요한 교육제도를 바꾸는 것이 교사나 교육행정 담당자들에게 쉽지 않다는 것은 익히 알고 있는 사실이다.

이제는 지배적 관리(boss-managing)를 종식시키고 민주적 관리(lead-managing)를 시작해야 한다. 데밍이 이러한 제도 개혁에 직접 관여했더라도 이같은 어려움은 예견했었을 것이다. 왜냐하면 이런 어려움은 질적 전환을 시도하는 거의 모든 조직 내에서 일어나는 문제이기 때문이다.

학교에서의 경영인이란 교육행정가와 교사들을 말한다. 만약 이들이 데밍의 말대로 한다면 자신의 힘을 포기해야 하는 것이 두렵기 때문에 질적 제도의 전환에 저항할 것이다. 그들은 자신이 성취하고자 노력하고 있는 '질(質)'에 대해 적대적인 요소가 바로 '지배하기'와 결부된 개인의 힘이라는 사실을 제대로 인식하지 못하고 있다.

질적 개선을 통해 '좋은 학교'가 되고자 한다면, 이것은 어느 학교나 교장 선생님이 먼저 새로운 체제, 즉 민주적 경영을 전적으로 지지한다는 입장을 표명해야 하고, 교사들을 지배하기보다는 선도함으로써 자신의 그러한 공약 사실을 교사들에게 확신시켜 준 후에야 비로소 가능해질 것이다. 그 다음 단계는 선생님들이 학생들을 지배하던 기존의 방식을 중단하고 선도하는 입장에 서는 것이다. 그렇게 함으로써 학생들에게 그들의 수업이 뭔가 새로운 가운데 개선되고 있다는 사실을 입증해 보이게 된다. 이 두 과정이 모두 어려운 과정이지만, 실행 면에서 보면 교장 선생님의 업무는 일반 선생님들보다 수월하다.

교장 선생님의 주임무는 민주적 경영에 이미 강한 호기심을 보이고 자신도 이 방법을 배우고 도입하기 위해 가능한 한 많은 도움을 간절히 원하고 있는 선생님들을 선도하는 것이다. 반면에 선생님들은 학생들을 관리하는 한편 수업도 해야 하는데, 많은 학생들이 학교에 오는 것조차 싫어할 뿐 아니라, 여러분이 어떤 방식을 도입하든 관심이 없거나, 아니면 무엇을 하든 처음부터 많은 관심을 가지고 협조하려는 학생은 하나도 없을 것이다.

이 책은 그와 같은 학생들의 마음을 움직여 흥미를 유발하기 위한 지침들을 다루었으며, 일선 선생님들이 할 수 있도록 교장 선생님이 진정으로 도와주는 길은 무엇보다도 선생님들이 변화할 수 있도록 허용하는 것이다. 교장 선생님은 일선 선생님들이 이 책에 제시된 민주적 관리 이념을 실현하고자 할 때 모든 면에서 성심껏 지원해 주어야 할 것이다.

학생들은 수업이 뭔가 새롭고 좀더 효과적인 방식으로 진행되어 가고 있다는 사실에 대한 확신이 서기 전에는 질적 수업이 요구하는 마땅한 노력을 쏟는 것에 대해 진지하게 고려해 보지 않을 것이다. 그 동안 우수한 학업 성적을 올린 학생들도 더러 있긴 하지만, 질적학습이란 거의 모든 학생들에게 완전히 새로운 개념이다. 질적 학습을 하는 것은 고사하고 생각조차 해 본 일도 없다. 초기에는 질적학습을 한다는 것이 너무 어렵게 인식될 것이며, 거의 모두 저항할 것이다. 이러한 저항은 선생님이 먼저 '질'이 무엇이라는 것과, 학생들 자신이 질적학습을 할 수 있다는 사실을 가르쳐 줄 때까지 계속될 것이다. 이것은 질적 교사로서 선생님이 담당할 주 업무이다.

뭔가 새로운 일이 일어나고 있다는 것을 학생들에게 가장 효과적으로 확신시킬 수 있는 방법은 여러분이 이제까지 보통 해왔던 것보다 훨씬 더 많은 이야기를 나누는 것이다. 다양한 방법으로 학생들과 이야기하면서 자신들의 학교가 선생님이나 교장 선생님의 학교도 아니며, 부모님의 학교도 아니라는 사실을 깨닫게 해 준다.

학생 자신의 학교라는 것은 그 어떤 것도 그들에게 강요하지 않으리라는 것과, 무엇을 배우면 유익할지 선생님과 함께 협의한다는 것이다. 또 학교가 학생 자신의 학교라면 문제도 자신들의 문제이므로 선생님은 모든 문제를 학생들과 함께 풀어 가겠다는 것을 의미한다. 선생님은 학생들이 이제껏 해 왔던 식으로 자신의 문제들을 선생님에게 떠넘기려 하는 것을 미연에 방지하기 위해 노력해야 할 것이다.

최선의 방법은, 학생을 으레 직사각형으로 줄지어 앉히던 종전의 방식을 새로운 원형의 형태로 바꾸어 앉히고, 선생님도 그 원의 한 자리에 있는 것이다. 원으로 둘러 앉히는 목적은 선생님이 순간적으로 학생들의 주의를 집중시키고, 무엇이든 중요한 주제가 나오면 바로 토론으로 들어가기 위한 것이다.

종전의 관례적 좌석 배치에서는 선생님이 의사전달의 천재가 아닌 이상, 앞에 두 줄을 제외한 나머지 뒷줄 학생들에게까지 정확하게 의사를 전달한다는 것이 불가능하다. 선생님의 말이 들리지 않는 학생들이 여기가 자기 학교라는 사실을 절대로 받아들이려 하지 않을 것이다. 학생들의 좌석 배치 방식을 바꾸는 데에도 상당한 저항이 있을 것으로 생각된다. 선생님은 교장 선생님과 이 문제를 분명하게 하고, 수위나 서무과 직원에게도 협조를 원한다면 몇 주일 앞서 납득이 가도록 잘 이야기해 놓아야 한다.

학생들이 학교에 대한 소유의식이 거의 없는 지배적 관리체제의 전통적 학교에서 성공했다면, 그것은 거의 다 그 학교교육보다는 성공한 학생들의 출신 가정과 더 많은 관계가 있을 것이다. 그러나 이러한 성공마저 확률이 그다지 높은 것은 아니다. 학부모의 지원이 가장 많은 일류 학교에서조차도 학업 성적이 우수한 학생들은 절반이 채 안되며, 질적학습을 하는 학생은 거의 없다고 하겠다. 교육에 대한 가정의 지원이 아주 미약한 지역사회에서는 성적이 양호한 학생 수가 전체의 5퍼센트 미만까지 내려가며, 질적학습이란 거의 존재하지 않는다.

'좋은 학교'가 목표로 하는 질적수업에서는 모든 학생들이 다소의 질적학습을 하게 된다. 학교는 이러한 학습이 노력할 만한 가치가 있다는 사실을 학생들에게 그들의 가족만큼, 아니 그 이상으로 확신시켜 주어야 한다.

1970년대 후반까지 이 나라의 거의 모든 정치 지도자들이 우리의 학교교육에 만족하고 있었다. 취약점이 나타나지 않는 교육에 대해 개선하라는 압력은 없었다. 그러다가 갑자기 학업성취도 검사에서 성적이 양호한 학생들의 숫자가 너무 적다는 사실을 알게 되었고, 이로 인해 오늘날 학교교육 개선을 요청하는 목소리가 커지게 되었다.

그러나 교육의 질을 추구하라는 목소리는 들리지 않는다. 대규모의 양적 시험성적 향상에 대한 압력은 있지만, 이것마저 성과를 올리지 못하는 이유는 이제까지 제시된 모든 개선책들이 가르치고 시험보고 상과 벌을 주는 예전의 지배적 경영 또는 관리체제에 묶여 있기 때문이다. 지난 20년간 교육개혁을 위해 몸부림쳤지만 큰 성과를 거두지 못한 채, 전통적 지배관리체제가 학교교육을 한계까지 몰고 갔다는 산적한 증거자료들만 남겼을 뿐이다. 지배체제에서 선도체제로 전환하지 않는다면; 우리의 학교교육은 전혀 수준이 향상될 수 없을 뿐만 아니라, 대다수 학생들에게 보이는 저질의 비표준 학력고사마저도 개선의 여지가 없을 것이다.

그러나 무엇보다 염려되는 점은, 미래에 우리 사회가 경제적 경쟁력을 갖추고자 한다면 학생들이 반드시 질적학습을 해야 함에도 불구하고, 그러한 질적학습을 못하고 말 것이라는 점이다. 우리는 먼 미래를 계획하는 호사를 누릴 줄 모른다. 그러나 지금이야말로 변화하지 않으면 안된다.

심지어 데밍의 이론을 체계적으로 밟고 있거나 TQM(total quality management의 약어: 총체적 질관리)을 기꺼이 채택했다고 자부하던 대부분의 학교들조차 목표를 잃고 헤매고 있는 실정이다. 그 이유는 교육위원회와 행정가들이 '제도를 바꾸라'는 그의 말과 뜻을 제대로 이해하지 못하고 있기 때문이다.

제도의 탈바꿈을 기피하는 경향은 산업체 관리자들에게도 확산되어 있으며, 이들 중 많은 분들이 근래에 와서 학교와 인연을 맺게 되었다. 이런 기업가들은 대개 성적을 올리지 못하는 학교는 문을 닫거나 처벌할 것이라고 은근히 위협하면서 더 많은 시험을 보라고 요구하는 가운데, 교육자들로 하여금 최악의 지배적 관리체제로 돌아가 매달리게 하는 결과를 낳았는데, 이것은 그들이 데밍의 요점을 제대로 파악하지 못했다는 설득력 있는 증거이다.

산업이나 교육이나 높은 질을 성취하는데 실패했다면, 지도자들이 그 제도 자체를 바꾸기 전에는 아무것도 개선할 수 없을 것이다. 그것은 절대로 그 제도 내에서 일하는 사람들의 잘못이라고 할 수 없다.

익숙한 방식을 새 것으로 바꾼다는 것이 얼마나 어려운지, 여러분의 이해를 돕기 위해 간단한 집안 일과 관련된 한 가지 예를 들어 보도록 하자. 여러분은 새로운 식기 세척기의 선전광고를 들어 본 일이 있을 것이다. 그릇에 남은 음식 찌꺼기를 대강 떨어 내고 세척기에 넣으면, 더 이상 설거지에 손 댈 필요가 없다는 내용의 광고이다. 그런데 이 세척기를 구입한 대부분의 사람들은 남긴 것을 없애는데 그치지 않고 그릇들을 세척기에 넣기 전에 먼저 대충 닦는다. 늘 해오던 대로 하는 것이다. 사람들은 새 세척기가 선전문구대로 기능할 수 있는 새로운 세척 방식으로 설계되었다는 사실을 개념화할 수 없는 것이다. 그리하여 종전의 방식을 고수하면서 계속 손으로 초벌닦기를 하고 있는 것이다.

이것보다 훨씬 더 복잡한 문제이긴 해도, 지배적 관리체제를 민주적 관리체제로 변환시키는 것은 초벌닦기를 그만 하는 것과 같다. 만일 선생님이 데밍의 이념과 선택이론을 수용할 수 있고, 따라서 민주적 관리 및 민주적 학습지도를 아울러 할 수 있다면, 전 학생들이 책임있게 학업에 임할 것이며, 아울러 훈육 문제도 사라질 것이다. 믿기 어렵겠지만 사실이다.

저질 상품을 생산해서 경쟁력을 잃고 있는 우리 산업체의 많은 관리 및 경영자들이 지배적 관리방식을 종식시켜야 한다는 데밍의 이념을 충분히 이해하지 못하는 것과 마찬가지로, 너무나 많은 교사들이 옛 체제에 고착되어 있다. 그 한 예로, '좋은 학교'에서 민주적 관리체제를 도입하여 새로운 질적수업을 시도하고 있는 선생님들 중에는 "학생이 과제를 하지 않을 때 벌을 안 주면 어떻게 합니까?" 라는 질문을 계속하는 분들이 많다. 학생들은 위협이나 벌을 받지 않을 때 스스로 공부할 수 있을 뿐 아니라 더 잘할 수 있다는 (초기에는 더 잘 하기 시작하고, 나중에는 질적학습 성취가 나타난다) 사실을 염두해야 한다.

이런 선생님들은 민주적 관리의 기초가 되는 선택이론을 개념화하지 못하고 있는 것이다. 선택이론에 의하면 학생들이 주어진 과제를 하지 않는 이유는 그 과제가 자신의 욕구를 만족시키지 못한다는 사실을 알기 때문이다. 종전의 지배 관리체제를 따르는 선생님들은, '내가 시키는 공부를 하면 저희들에게 좋다는 것을 내가 다 아는데, 학생은 싫든 좋든 따라 해야지' 하는 생각을 지워 버리지 못하고 있다. 그러나 진정으로 변화를 원하는 선생님들이 옛 체제에 머무는 것이 그들의 고집 때문이 아니라는 사실을 나는 잘 알고 있다. 그들은 단지 새로운 체제에 대해 충분히 모르고 있거나 그 운용 방식을 이해하지 못하고 있을 뿐이다. 그들에게 도움이 될 수 있는 글들을 많이 써왔지만 아직 충분하지 않다.

데밍에게도 같은 문제가 있었다. 그는 93세인데, 자신의 말이 산업체에서 효과가 있다는 것을 입증하기 위해서 일본 산업계의 많은 예들을 들려줄 수 있었다. 그런데도 우리 사회에서 그가 거둔 성과는 기대에 훨씬 못 미치는 것이었다.

나는 데밍이 예로 든 일본 산업체에 비견할 만한, 성공적 시범학교가 우리에게도 있기를 바란다. 하지만 현실에 있어서는 그렇지 못하다. 그러나 계약한 학교들 가운데 몇몇 학교는 이런 학교에 근접해 가고 있다. 또한 데밍과 내가 질적 관리에 대한 강의를 하느라 계속 바삐 다닌다는 사실은 고무적이며, 이 강의에 참석하는 분들은 새로운 발상이 절실히 필요하다는 것을 깨닫고 있다. 그러나 아직 상당히 많은 분들이 종전의 제도에 너무 고착되어, 그들이 원하는 것이 양보다 질이라면, 이제 이 낡은 제도는 더 이상 쓸모가 없다는 사실을 납득하지 못하는 것 같아 실망이다.

인사관리 같은 전통적 체제를 바꾸는 것은 막대한 업무이다. 거기에 필요한 업무량은 우리의 상상을 초월하는 것이다. 여러분에게 새 식기 세척기를 소개한 판매원은 1주일 동안 매일 당신의 집에 와서 음식 찌꺼기가 거의 그대로 남아있는 접시들을 집어넣고 세척이 다 끝날 때까지 기다렸다가 윤이 나도록 깨끗한 접시들을 꺼내 놓고 방금 눈으로 본대로 해보라고 할 수도 있겠지만, 그것도 여러분에게는 어려울 것이다. 정신 차리지 않으면 어느새 수년간 해온대로 다시 초벌닦기를 할 것이다. 민주적 관리체제로 전환하기 시작한다 해도, 예전의 강압적 교수방식으로 다시 빠져들지 않기 위해서는 이보다 더한 경각심이 필요하다.

지배관리 방식의 학교 교육은 초벌닦기보다 선생님의 머리 속에 훨씬 더 고착되어 있기 때문에 선생님이 민주적 관리를 하는데 도움이 될 만한 몇 가지 구체적이고 실제적인 교수방안들을 제시하는 것이 이 책의 주요 목표이다.

내가 제시하는 것들 중 많은 부분이 여러분에게 새로울 것이라는 것도 이해하고 있다. 그러나 새로운 체제로 효과를 거두려면 불가피한 것들이다. 이것의 실제 적용은 이 방식을 시도해 본 여러분 같은 전문교사들의 경험에 의하면 현재 선생님이 하고 있는 것 보다 훨씬 더 쉽고도 즐겁다는 사실은 고무적일 것이다.

교육이 변하려면, 수업을 하는 선생님들에게 변화가 일어나게 해야지 달리 방법이 없다. 여기서 먼저 강조하고 싶은 것은 내가 권하는 것들은, 심지어 재촉하는 것까지도, 제안일 뿐이라는 사실이다. 이 책에 있는 그 어떤 것도 강요하는 것으로 생각되어서는 안 될 것이다. 선택이론과 데밍에 관한 지식을 아는 대로 활용하여 내 제안의 이론적 토대를 설명하고, 선생님이 그대로 해보면 충분한 성과를 거둘 수 있는 그 이유에 대해 분명히 하고자 한다.

여기까지 내 말이 의미 있다고 생각되면, 심사숙고해 보고 서서히 적용해 보기 바란다. 서두를 필요는 없다. '좋은 학교'의 질적 교사가 되는 데는 시간이 필요하다.

2. 당신은 전문교육인인가

좋은 학교는
좋은 선생님을 만들고
좋은 선생님은
좋은 학교를 만든다.

선생님을 관할하는 교육행정가들을 질적교육을 이해하는 분들로 간주한다면, 여러분은 거의 모두 교직 생활을 통해 처음으로 전문 교사가 될 기회를 가지게 되었다는 사실을 발견하게 될 것이다. 어느 분야건, 물론 교직도 포함해서, 전문인들은 고용 목적에 상응하는 자신의 임무를 어떤 방법으로 수행해야 할지 알고 있을 뿐만 아니라, 전문가로서 최선이라고 생각하는 방법으로 임무를 수행할 기회 또한 주어지는 것이다.

예를 들면, 선생님이 5학년을 가르칠 전임교사로 채용될 때, 반드시 달성해야 할 학습목표를 분명하게 확인하겠지만, 이 목표 달성이 가능하려면 선생님의 전문능력을 발휘할 기회도 틀림없이 주어져야 한다는 것이다. 그러므로 전문인이 어떤 임무를 달성하는 방법은 전문인 자신에게 달렸다는 이야기이다. 이것은 선생님이 전문직을 수행하는데 있어서 새롭고 효율적인 방식을 배우고 제안을 수용하는데 비개방적이 되어도 괜찮다는 의미가 아니라, 어느 누구도 선생님 자신의 선택을 방해하거나 강요할 수 없다는 뜻이다.

선생님에게 주어진 업무의 범위 안에서 학급의 교과과정을 기획하고, 가장 효율적으로 생각되는 방법으로 교재를 사용하고, 협동학습처럼 효과적이라고 믿는 방법이라면 적용해 본다. 또한 평가에 있어서는, 수업 중에 주어진 과제를 학생이 학습하여 익혔으면, 그 학생이 자기가 배운 것을 선생님이나 급우, 또는 그 외에 어떤 이에게 재현해 보일 수 있는 방법을 모색해야 한다. 요약하면, 선생님

에게 부여된 업무를 일단 받아들이면, 그것을 달성하는 것은 선생
님의 몫이라는 것이다.

어느 분야에서든, 전문인이 비전문인과 구별되는 중요한 차이는
외부의 지시 없이도 업무를 수행할 능력이 전문인에게는 충분하다
는 사실이다. 이것은 곧 전문가가 '질'에 관심을 가지고 있다는 것
을 의미한다. 전문인 자신이 하는 일은 질적이며, 타인을 관리하거
나 가르치는데 있어서도 그들에게 중요한 것은 질적으로 일을 수
행한다는 것이다. 비전문인들에게는 일을 무사히 마치는 것만으로
충분하지만, 전문인의 특성은 일이 완성되어 가는 방법을 자신과
남을 위해 지속적으로 향상시켜 간다는 것이다.

전문교사는 어느 학생에게도 '질'이 배제된 공부를 시키지 않을
것이므로, 현재 학생들에게 요구하고 있는 무의미한 모든 암기 위
주의 학습은 '좋은 학교'에서 사라질 것이다. 교사와 학생들을 지배
적으로 관리하는 공립 학교체제에서 학생들이 질적학습을 할 수
있도록 가르치는 교육은 거의 존재하지 않는다. 이러한 교육은 민
주적 교사가 되려고 노력하며 배워가는 전문교사들의 지도력을 통
해서만 달성될 것이다.

현재와 같이 운영되는 전통적 학교에서는 교사들이 전문인 취급
을 받지 못하고 있다. 교육 경영인들이나 학교 운영위원, 의회 교육
위원회나 교육부 공무원, 장학관 등 누구나 자기들이 원하는대로
교사들에게 지시를 내리고 그것을 실행하는 방법과 평가까지도 관

리할 권한을 갖고 있다.

전문인인 교사에게 가르치는 것 이상의 임무를 요구하는 일이 있어서도 안되고, 전문가로서의 업무를 수행하는데 방해가 되도록 교사들을 취급하는 일은 더욱 있을 수 없다. 만일 의사나 법률가가 교사들처럼 취급당한다면 의술이나 법률이 어떻게 수행될 지 상상해 보자. 사실 전문인으로서 잘 가르친다는 것은 오늘날 더 큰 존경의 대상이 되는 이런 전문직들을 잘 수행하는 것보다 훨씬 더 어려운 것이다.

우리와 계약한 어느 고등학교의 과학 교사는 자신이 교직 경력을 통해 전문인으로서 업무를 수행하게 된 것이 이번이 처음이라고 했다. 그가 재직하고 있는 학교의 교장 선생님은 모든 교사들이 각자 최선이라고 생각하는 방식대로 가르치도록 격려하고 있다.

그는 『좋은 학교』라는 책에서 질적교육을 위해 제시한 여러 제안들을 학교 수업에 적용해 보니, 그 결과가 주목할 만하다고 했다. 학생들이 모두 과학 공부에 열중하여 전에 없는 좋은 성적을 올리고, 질적학습까지 하게 되었다는 것이다. 그런데 과거에 가르치려고 했던 범위만큼 다루지 못한 것이 걱정스럽고(실제로 너무 많은 학습량을 다루어야 했기 때문에 성공한 적이 없었다), 현 교장 선생님이 떠나고 그 후임으로 종전의 교육체제를 고수하는 교장 선생님이 부임해 오면 자기는 해직 당할지도 모른다고 불안해 했다.

나는 그런 일이 일어나리라고는 생각하지 않았지만 그럴 수도 있을 것 같았다. 그래서 가벼운 기분으로, 만일 선생님이 새 교장 선생님으로부터 위협을 느낀다면, 선생님은 비전문 교사로서 가르치는 방법도 이미 알고 있고, 또 어떻게 하면 학생들을 옆길로 빠지게 해서 훈육 문제(모두 사라져 버린 것들)를 다루며 시간을 보낼지도 아니까, 불가피하다면 이전으로 되돌아갈 수도 있다고 말해 주었다.

그는 미소를 지으면서 '현재 하고 있는 대로 계속해 보겠다'라고 했다. 그가 한 말은 새로운 제도에 익숙해지려면 시간이 한참 걸린다는 것이었다. 그는 15년이나 종전 방식대로 가르치다가, 새 방식으로 가르친 것은 1년도 안 되었다고 하면서, 그런 불안감을 털어놓는 김에 자신이 달성한 것에 대한 자랑도 약간 했다. 당연히 긍지를 느낄 만도 하다.

그가 말하고 있는 것은 보기보다 훨씬 더 복잡했다. 많은(70명이 넘는) 교직원들에게 민주적 관리의 기회가 모두 똑같이 주어졌는데도 그 사람만큼 기회를 이용한 교사가 몇 사람 안되는 이유는 무엇인가. 대답은 '그렇게 하기가 쉽지 않다'는 것이며, 그 사람이 조금 자랑한 이유도 여기에 있다. 많은 교사들이 하나같이 전문인으로서 대접받고 싶으면서도 막상 그럴 기회가 '좋은 학교'에서와 같이 주어지면 이것도 그리 용이하지는 않으리라.

부적절한 교과서나 공정하지 못한 시험 방식과 너무나 많은 학습 범위를 강요하는 기초학습 분량, 그리고 어떤 교수방법이 다른 방법보다 낫다고 해서 그렇게 하는 게 좋다는 식의 강압적 제안들에 대해 불평하면서도, 모든 제약에 심하게 시달리는 편이 차라리 훨씬 더 낫다. 이렇게 하는 것이 변화가 수반되는 책임을 받아들이기 보다 더 쉬운 법이다. 교사들이 전문인이 되고 지시자의 역할에서 선도자의 역할로 이행할 기회가 주어지면 적응상 많은 어려움이 있을 것이다. 이 책은 이러한 기회가 주어져서 전문인이 되고자 하는 교사들을 위해 쓰여진 것이다.

'좋은 학교'에서는 교사가 계획한 교안과, 학생들이 얼마만큼의 질적학습을 수행할 수 있을 정도로 가르친 것을 어떤 방법으로 보여달라고 제안할 것인지에 대해 요청이 있으면 간단한 보고서를 작성하는 것이 전문교사의 책임이다. 이렇게 요약된 교안을 다른 교사들도 봄으로써 각자 가르치는 내용을 서로 조정하여 반복을 피할 수 있도록 하는 것이 좋다.

그러나 의사가 자기 공동체에서 비정상적이 아닌, 검증된 방식으로 의료행위를 할 책임이 있는 것과 마찬가지로, 선생님도 지역공동체가 수용할 수 있는 방식으로 가르치는 것이 전문인으로서의 선생님의 책임이다. 교사는 의사처럼 생명이 위급한 환자를 당장 치료하는 것도 아니므로 의사보다는 여유가 있게 마련이다. 그래도 학급에서 뭔가 새롭거나 평상시와 다른 프로그램을 할 때에는 교장 선생님에게 미리 알리고, 협조적인 학부모 몇 사람에게도 선생님이 하는 것에 대해 설명해 주는 것이 좋을 것이다.

예를 들면, 강제적으로 하는 숙제는 '좋은 학교'에서 반드시 없어야 한다. 그 이유는 숙제가 강제성을 띨 때 질 높은 숙제를 할 학생이 거의 없기 때문이다. 그런데 일반적으로 워낙 숙제를 신성시하므로, 선생님은 교직원의 일원으로서 다른 교사들과 협동으로 가장 적절한 방법을 모색하여 새 과정을 도입한다. 그리고 학생들이 자율적으로 자신의 학업을 향상시키고 질적 향상을 위한 학습을 할 기회가 주어지면 보통 집에서도 아주 기쁜 마음으로 공부하게 된다는 사실을 회의적인 학부모님들에게도 설명해 주는 것이 좋을 것이다.

새로운 수업 실시와 관련하여, 학부모들의 지지를 얻기 위해서는 자녀가 새로운 제도를 얼마나 좋아하며 학습 향상을 보인 사례는 어떤 것들이 있는지에 관한 정보를 수시로 파악해서 알려달라고 학부모들에게 부탁한다.

'좋은 학교' 교사는 종전의 전통적 제도에서 일반적이었던 학생들과의 적대관계도 완전히 불식시킬 뿐만 아니라, 무슨 일이 진행되고 있다는 것도 학부모들에게 꼭 알려야 한다. 가장 좋은 방법은 학생들에게 배운 것 중에서 유익하다고 생각하는 것을 학급 토론 중에 발표하게 하는 것이다. 시간이 좀 걸릴지 모르지만, 학생들이 이렇게 할 수 있을 때가 되면 배운 것을 부모님들에게 이야기해 드리라는 숙제를 낸다. 열심히 공부하는 자녀로부터 학교에서 유익한 것을 배웠다는 이야기를 듣는 일보다 학부모의 지지를 더 얻게 해

주는 일은 없을 것이다.

학부모들도 집에서 자녀들을 가르치거나 관리할 때 선생님이 하고 있는 것을 선생님과 같은 방식으로 할 수 있게 교육하는 프로그램에 참여하도록 권한다. 학부모들도 자녀의 학업과 관련하여 잔소리나 상벌에 의존함으로써 종종 야기되는 자녀와의 적대관계를 피하고, 자녀들을 지지해 줄 수 있는 교육을 받으면 받을수록 자녀 교육은 수월해질 것이다.

이 시점에서 전문인이 된다는 것이 무엇을 의미하는지에 대해서는 더 이상 염려할 필요가 없다. 이 문제는 이 책의 전반에 걸쳐 다루어질 것이므로 앞으로 가면서 점진적으로 분명해질 것이기 때문이다.

3. '좋은 학교'의 여섯 가지 조건

선생님이 좋은 교육을 통해
교단에 서신다면
학생들 또한 좋은 교육의 효과를
만끽하며
신바람나는 수업을 할 것이다.

'좋은 학교'에서 학생들이 질적학습을 하도록 지도하기 위해서는 '질'에 대해 이제까지 내가 설명한 것보다 훨씬 더 많은 이해가 필요하다는 것이 분명해졌다.

먼저, 우리가 모두 알아야 할 것은 우리 모두에게 가장 중요한, 지난날의 유아기가 우리에게는 질적인 삶이었다는 점이다. 자신들이 봉사하고 관리하고 설득하고 물건을 팔아주고, 또는 사랑하는 사람들을 도와 그들 삶의 질을 증진시키는데 성공하지 못한다면 어느 정부기관이나 조직체, 기업, 또는 어느 가정도 그렇게 하는 곳과의 경쟁에서 성공할 가능성은 희박하다.

훌륭한 전통을 지닌 학교에서조차 질적학습을 수행하는 학생들은 거의 없는데, 이것은 학교가 지시하는 과제나 방식이 학생 자신의 삶의 질을 높이는데 아무 관계가 없다고 믿기 때문이다. 이러한 문제는 학생들에게서 그치는 것이 아니다. 교사들 역시 전문인으로서 취급받지 못할 때, 학교가 요구하는 업무나 그 시행방식이 자신들의 삶의 질을 높인다고 믿지 않게 된다.

학교의 혜택을 받는 많은 학부모들이나 지역 주민의 경우도 마찬가지이다. 그 지역 학교에서 어떤 일이 일어나건 그것이 자기들의 삶의 질을 높인다고는 생각하지 않는다는 것도 상식적으로 알 수 있다. '좋은 학교'의 질적교육의 목적은 이같은 불행한 상황을 전환시켜 학생들과 학부모 및 지역 주민들이 학교에서 일어나고 있는 일들이 자신들의 삶의 질을 높일 수 있음을 믿게 하는 것이다.

우리에게는 삶의 질을 유지하는 것이 매우 중요해서 많은 이들에게 사활이 걸린 문제가 될 수도 있다는 점을 이해할 필요가 있다. 절망적 고독이나 무력감을 느낄 때, 자살하는 동물은 아마 유일하게 인간뿐일 것이다. 삶의 질이 너무 낮고 향상될 가망이 없다고 믿게 되면 결국 자신의 존재를 더 이상 견딜 수 없어서 죽음을 택하게 된다.

어린이의 자살 기록이 없었던 교육기관은 거의 없다. 자살을 기도한 경험이 있는 어린이들을 조사한 결과, 자살을 기도하게끔 작용한 주 요인이 자신이나 부모들이 원하는 만큼의 학업성적을 올리지 못한데 대한 자책감으로 나타났다. 이것은 학교 공부가 그 어린이들에게는 거의 질적 시간이 되지 못했다고 말하는 것과 같다.

만일 선생님이 학생들의 삶의 질이 유지되는 방법으로 가르치고자 한다면('좋은 학교'의 목표는 그것을 향상시키는 것), 질이 무엇인지 여러분이 분명히 이해할 수 있도록 도와주었어야 했는데 그렇지 못했다. 사실, 이제까지 내가 기록해 온 질적교육에 관한 자료들을 살펴보면서, '질'이라는 것은 제대로 정의하기도 이해하기도 매우 어렵다는 인상을 주었다고 생각된다. 그러나 이제 이러한 인상을 수정하고자 한다. 질, 또는 삶의 질은 결코 이해하기 어려운 것이 아니다.

선택이론을 『좋은 학교』에서 논의된 한정된 범위 안에서 설명해 보면, 모든 인간에게는 다섯 가지의 기본욕구가 있다. 즉, 사랑, 힘,

자유, 재미, 그리고 생존의 욕구이다. 이들은 우리의 유전자 속에 내재되어 있으며, 태어날 때부터 우리는 모든 행동을 바쳐 그 욕구를 만족시키게 된다. 그러므로 이들 욕구들 중 하나나 둘을 일관되게 만족시키는 체험이라면 어느 것이나 우수한 질이라 하겠다.

우리가 갓 태어났을 때는 욕구가 무엇인지, 어떻게 만족시켜야 할지 방법을 모른다. 우리는 그 욕구들이 무엇인지 정확하게 배운 바가 전혀 없지만, 선택이론에 대한 지식이 없어도 어떻게 그것을 만족시켜야 할지는 어느 정도 알고 있다. 출생시에 우리 모두 '좋다' '나쁘다'의 차이를 느낌으로 알 수 있기 때문이다. 출생 즉시 우리는 나쁜 느낌보다 좋은 느낌이 낫다는 것을 알게 되고, 먹는 것 등 모든 생존을 위한 행동들이 좋다는 사실을 알게 된다. 곧이어 사랑받는 것, 사랑하는 것이 행복이라는 것도 알게 된다.

행복을 느낄 줄 아는 능력을 바탕으로 재미와 자유를 누리고, 우리와 우리 주변에서 일어나는 것들에 대해 약간의 통제력, 즉 힘이 있는 것이 얼마나 중요한지도 알게 된다. 나이가 들고 경험이 늘면서, 우리는 이러한 욕구를 만족시키기 위해 계획하고 열심히 일하고 인내가 있어야 한다는 것도 알게 된다. 학생들에게 이런 것들을 가르칠 수 있다면 그들은 전 생애를 통해 도움이 될 교훈 하나를 배우는 셈이 될 것이다.

반드시 선택이론을 알아야만 우리의 삶이 노력할 가치가 있다는 것을 이해하고 대부분의 시간에 행복을 느끼게 되는 것은 분명 아니다. 기본적 욕구에 대해 비록 아무것도 모를지라도 질적인 삶이 바랄 만하다는 것은 우리가 거의 다 알고 있다. 그러나 선생님이 '좋은 학교'의 질적교사라면 선택이론을 알고 학생들에게 가르쳐 주는 것이 선생님이나 학생 모두의 삶의 질을 향상시키는데 필요한 일들이다.

그러나 전통적 학교에서는 너무나 많은 학생과 선생님들이 이런 가능성을 바라보지 못한다. 이것은 '좋은 학교'의 목표이며, 이 목표를 달성하기 위해 교사나 학생은 자신들의 삶의 질을 향상시킬 가망이 없으면 어떤 것도 하라고 해서는 안될 것이다.

위에서 '질'과 '욕구'에 대해 설명한 것은 틀림없는 사실이다. 알아둘 만한 가치도 있다. 그러나 이 간단한 이론적 설명만으로는 선생님이 실제 수업에 적용할 만큼 구체적이지 못하다. 여기서는 선생님이 가르칠 때 사용할 수 있는 '질'에 대한 설명을 좀더 확장해서 자신이 바르게 하고 있는지 쉽게 알 수 있도록 했다. 즉, 선생님이 교육지침으로 삼을 수 있는 '좋은 학교' 수업의 구체적 조건 여섯 가지를 명시했다.

만일 이 여섯 가지의 조건들이 선생님의 학급 내에서 하는 모든 과정의 일부분이 된다면, 선생님의 학생들은 질적학습을 하기 시작할 것이다. 학생들이 질적학습을 하게 되는 이유는 학교생활이 즐겁기 때문이다.

이 조건들은 명확하므로 이해가 가능할 것이라고 생각되긴 하지만, 시행하기는 쉽지 않을 것이라는 사실을 나는 잘 알고 있다. 여기서는 그 조건에 대해 설명하고, 뒷장의 대부분은 이것을 학급에서 실제 적용하는 방법에 초점을 맞추도록 하겠다.

'좋은 학교'에서는 이러한 조건들이 계속 아주 중요한 부분이 되기 때문에 교실마다 벽에 붙여 놓을 것을 제안한다. 어린 학생들을 위해서는 쉬운 말로 써 붙여 놓아야 할 것이다. 이것을 붙이고 곧바로 학생들에게 설명하기 시작한다. 비록 처음에는 학생들이 선생님의 설명 중 많은 부분을 이해하지 못하더라도, 간략하게 설명하고 나서 걱정하지 않도록 일러준다. 이 조건들이 우리 학교가 새로운 학교가 되는데 중요하다는 사실과, 그것을 이해하는데 시간이 걸리지만 서두를 필요가 없다는 것을 얘기해 준다. 선생님이 먼저 해야 할 작업은 그런 개념의 씨앗을 심어주는 일이다.

만일 학생들이 흥미를 잃어도, 다시 설명하느라 너무 애쓰지 않아도 된다. 선생님은 설명하고자 하는 것을 아주 중요하게 여긴다는 점을 학생들이 파악하고 있는지만 확인하면 된다. 선생님이 '좋은 학교'에서 학생들과 함께 하려고 하는 것들은 거의 누구에게나 새로운 것이라는 사실을 염두에 두기 바란다. 많은 학생들이 습관적으로 저항할 것이다. 뭔가 좋은 것같이 들리긴 해도 그들은 그것에 대해서도 선생님에 대해서도 모두 경계심을 가질 것이다. 선생님이 지금 하고 있는 것들이 자신들의 삶의 질을 향상시킬 것이라는 점을 이해하는 데는 한참 시간이 걸릴 것이라는 사실을 인정해야 한다. 인내하라. 새로운 견해는 서서히 자리잡힌다.

또 여섯 가지의 조건들을 교무실에도 붙여놓고, 학교를 방문하는 사람, 특히 학부모들이 알 수 있게 해야 한다. 교직원들은 이 조건을 읽는 사람들 중 누가 질문을 해도 대답할 수 있을 정도로 그것을 충분히 이해하고 있어야 한다.

첫째, 지지해 주는 따뜻한 수업 분위기를 조성한다.

질적수업(그 결과인 질적인 삶도 마찬가지이다)은 따뜻하고 지지해 주는 수업 분위기에서만 성취될 수 있다. 가르치는 사람과 배우는 학생들의 관계가 대립적이라면 이런 분위기는 형성될 수 없다. 선생님과 학생들간에 든든하고 친밀한 느낌이 있어야 함은 물론, 학생들과 교사, 그리고 교육행정가들 사이에도 필요하다.

무엇보다 서로 신뢰할 수 있어야 한다. 자신의 행복을 다른 사람들이 유념해 주고 있다고 믿을 수 있어야 한다. 이러한 신뢰없이는 학생도 선생님도 질적수업이 요구하는 노력을 기울이지 않을 것이다. 이야기를 들어주는 사람에게 이야기를 할 수 있는 능력은 따뜻한 신뢰의 기본이 되기 때문에 학생들이 편안하고 정직하게 선생님에게 이야할 수 있도록 격려해 주어야 하고, 선생님도 마찬가지로 학생들에게 그렇게 해야 한다. '좋은 학교'에서는 어떤 상황에서도 강요가 있어서는 안된다.

둘째, 학생들에게 효용성 있는 공부만 시킨다.

질적학습은 항상 효용가치가 있는 공부이다. 그러므로 어떤 학생

에게도 학교 내에서만 쓸모있는 탓에 곧 잊어버리게 되는 학습자
료를 암기하는 것과 같이 의미없는 공부를 시켜서는 안된다.

'좋은 학교'의 질적교사는 학생들에게 학습시키는 모든 자료의
효용성에 대해 설명해 줄 전문인으로서의 의무가 있다. 학생들은
선생님들이 가능한 한 곧 효용성에 대해 설명해 줄 것이라고 믿고
있기 때문에, 효용가치에 대해 미처 분명하게 이해하지 못할지라도
충분한 양의 학습을 기꺼이 해낼 마음의 준비가 되어 있을 것이다.

학교에서 요구하는 학습이 당장에 실제로 적용할 수 있어야 하
는 것은 아니지만, 뭔가 유익한 면이 있어야 하는데, 그것은 곧 심
미적, 예술적, 지적, 또는 사회적 효용가치이다. 만일 현실적으로
컴퓨터 채점 방식의 국가평가고사나 대학입시에만 필요한 학습을
요구하는 경우라면, 학교가 정부 지원을 받거나 학생들의 대학 진
학을 돕고자 하는 것이라고 설명해 주어야 한다. 현실 사회에서는
쓸모없는 것이지만, 우수한 질적교사들은 학생이 이런 자료들을 익
히도록 도와 줄 필요가 있다.

셋째, 학생들은 각자 능력에 따라 최선을 다 하도록 늘 격려한다.

질적학습에는 시간과 노력이 요구된다. 이것은 학습에 필요한 노
력을 들일만한 시간이 '좋은 학교' 학생들에게 주어져야 한다는 뜻
이다. 수업 중 각자 능력에 따라 최선을 다할 것을 촉구해 준다. 이
것은 거의 모든 학생들이 경험한 바와 정반대이기 때문에, 이 과정
을 시작하는 데는 상당한 인내가 필요할 것이다.

선생님은 정규 수업에서 각자의 능력에 따라 최선을 다 하도록 노력한다는 것을 생각조차 해본 일이 없는 학생들을 지도하고 있는 것이다. 그들은 보통 바닥에서 배우지도 못하면서 질적학습을 하기 위해 힘껏 노력을 기울여 본 일이 절대 없는 학생들이다.

넷째, 학생들 각자 자신의 학습을 평가하고 향상시킨다.

질적수업이 만족스럽더라도 결코 멈추지 않는다. 데밍의 말대로 질은 거의 지속적으로 향상될 수 있는 것이다. '좋은 학교' 교사는 학생들이 자신의 학습평가 방법을 가르치고, 그 후에도 거의 늘 그렇게 할 것을 촉구한다(이것이 시행하기 가장 힘든 부분일텐데, 그 이유는 '자기평가'를 다룰 때 설명하기로 한다).

질적교사는 잔소리하지 않지만 거의 모든 학습이 향상될 수 있다는 점을 지속적으로 암시해 주는 것이 좋을 것이다. 초기 학습이 질적학습으로 판단될지라도, 조금 더 노력하도록 격려해 주면 그 결과 향상할 수 있다는 것을 학생들은 알게 될 것이다. 이미 설명한 바와 같이 학교에서는 '질'이 '양'에 우선한다는 사실을 강조해야 한다. 질이 낮은 많은 양의 학습은 교육과 아무런 상관이 없다. 따라서 아무런 가치도 없다.

다섯째, 질적학습은 늘 행복감을 수반한다.

질적 학습에 전념하는 사람은 누구나 행복감을 느낀다. 그런데 현재 정규 수업에서 행복을 느끼는 학생들이 극소수라는 사실은 비극이 아닐 수 없다. 질적으로 우수하다고 판단되는 학습 성과를 거두었을 때 행복을 느끼는 것은 학생들만이 아니라 그들을 바라보는 교사와 부모님들도 마찬가지이다.

질 높은 물건을 받거나 사는 것이 행복하긴 해도, 자신이 직접 열심히 노력해서 질을 성취함으로써 얻는 행복감에는 결코 미치지 못할 것이다. 사실 인간은 자신이 최선을 다 할 수 있다고 믿고 있는 유익한 일을 하고, 그에 대해 다른 사람들도 동의해 준다는 사실을 발견했을 때 제일 큰 행복을 느낀다. 이러한 행복감(욕구 만족에서 오는)이 바로 '좋은 학교'의 목표이며, 이것이 질을 추구하도록 생리적으로 동기를 유발하는 요인이 된다.

여섯째, 우수한 질적수업은 결코 파괴적이지 않다.

파괴적인 일을 통해서 높은 질은 절대로 성취되지 않는다. 그러므로 중독성 약물을 복용하거나, 사람 또는 우리 모두에게 속한 환경이나 자원과 다수의 생명을 해침으로써 행복감을 얻게 되는 것을 질 높은 일이라 할 수 없을 것이다.

전통적인 학교에서 처음 몇 학년을 지내다 보면, 학생들은 이미 학교의 가치에 대해 회의적이 된다. 유치원에서 느꼈던 행복은 어느덧 사라지고, 대부분은 고학년이 될수록 배움의 기쁨을 점차 잃어 간다. 학생들은 또 앞으로 일어날 좋지 않은 많은 일들에 대해서도 듣기 시작하기 때문에 사정이 호전될 것이라는 확신이 서지 않는다. 이런 일들이 생기면서, 학생들은 선생님들을 자기 편으로 보지 않는다. 몇몇 교사들이 자기 편이라는 사실도 흔히 도움이 안

되는데, 그 이유는 자신들이 겪어야 할 일들이 더욱 실망스럽기 때문이다. "몇 분 선생님들이 우리 편이라 해도, 대부분의 선생님들이 그렇지 않은 이유는 무엇일까?" 라고 스스로 묻는다. 2~3학년때부터 어떤 학생들은 선생님들이 자신들에게 관심이 없다고 믿는다. 그런 학생들은 선생님들을 적대시하게 된다.

선생님을 믿지 않는 학생들의 숫자는 중학교로 올라가면서 증가하여 반반이 되었다가, 고등학교 중반이 되면 그 수가 줄어든다. 이때가 되면 여러분을 신뢰하는 학생 수가 그리 많지는 않아도, 졸업할 것이라는 자신을 갖는 학생들이 학교를 훨씬 덜 위협적으로 알게 된다. 선생님이 '좋은 학교'에서 할 첫 번째 과제는 담당하는 모든 학생들이 선생님을 신뢰하도록 설득하는 것이다. 학생들은 선생님이 자신들에게 무엇을 어떤 방식으로 하라고 하든 자기 편이라는 사실을 믿어야 한다. 신뢰만으로는 좀처럼 질적학습에 도달하지 못할 것이다. 여섯 가지 조건이 실행되어야만 '좋은 학교'를 기대할 수 있다.

선생님 자신이 이 여섯 가지의 조건이 얼마나 중요한가를 깨닫는데 도움이 되는 것은 '좋은 학교'에서 교사들을 취급하는 방식으로 대접받는 것이다. 선생님이 이와 동일한 조건에 따라 전문교사로서의 대접과 자문을 받을 때, 전문인으로서의 선생님의 삶이 향상될 것이며, 선생님은 학생들도 같은 체험을 하는 것이 얼마나 중요한가 하는 진가를 인정하게 될 것이다.

이 모든 것은 시간이 걸리는 일이다. 초기에는 학생들이 우수한 질을 원하기는 고사하고, 질이 뭔지조차 알지 못한다. 그러나 선생님은 알고 있다. 선생님은 또한 수업에서 이러한 여섯 항목의 조건을 시행할 수 있다면, 학생들도 행복해 할 것이고, 이 행복감을 계속 느끼기 위해 학생들은 계속 배우길 원할 것이라는 사실도 알고 있다. 학생들이 이렇게 할 때, 그리고 선생님이 선택이론을 가르칠 때, 학생들은 질이야말로 자신들이 원하는 것이며, 선생님 반에서는 이러한 우수한 학습과 삶의 질을 성취할 수 있다는 사실을 인식하게 될 것이다.

4. 먼저 가르쳐야 할 것들

학생은 선생님의 교육방침을
얼마나 이해하고 있는지
선생님은 학생들의 학업 성취도를
어느 정도 감지하고 있는지
우선 알아야 한다.

만일 선생님께서 '좋은 학교'의 목표가 모든 학생들이 얼마간의 질 높은 수업을 하는 것이라는 사실을 수용한다면, 학생들이 지금보다 훨씬 더 열심히 공부하도록 설득하는 것도 선생님 자신에게 달렸다는 사실을 받아들여야 할 것이다.

주지하다시피, 대부분의 학생들이 학교나 그 밖의 어디에서도 열심히 한다는 것에 익숙하지 않기 때문에 이것은 어려울 것이다. 열심히 공부하는 소수의 학생들은 자기 선생님보다 부모나 가족 중의 어떤 사람, 즉 자기를 사랑하는 사람에게 즐거움을 주기 위해 그렇게 하는 경우가 더 많다.

우리는 학생들이 열심히 공부하게 하는 전통적 지시관리 방법이 효과가 없다는 것도 알고 있다. 비록 학부모들을 참여시키더라도 이러한 방식은 자녀들을 선도적으로 이끌기보다 지시하도록 하는 것이어서 일반적으로 성공을 거두지 못했다. 그러므로 교사나 부모나 상벌에 의존할 수 없다면, 현재 우리가 하고 있는 것과는 무엇인가 다른 것을 할 수밖에 없는데, 이것이 바로 여섯 가지 질적조건을 수업 중에 실행하는 것이다. 여기서는 첫째 조건인 수업 중 따뜻하고 지지해 주는 분위기 조성에 초점을 맞추고자 한다.

이러한 분위기 조성에 대해 간략하게 설명한 바 있지만, 보다 구체적으로 설명해야 할 세부 사항이 한 가지 남아 있다. 대부분의 학생들이 현재 선생님에 대해 알고 있는 정도보다 더 많이 알려주는 것이다. 누군가를 위해 열심히 일하는 사람이나, 자신들을 지도 관리해 주는 교사로 인해서 공부하게 되는 학생들은, 첫째 지도하는 분에 대해 얼마나 잘 알고 있고, 둘째 알고 있는 부분을 얼마나 좋아하는지에 따라 그 노력의 정도가 크게 좌우된다.

민주적으로 학생들을 이끄는 원칙이 있다면, 그것은 '누군가 우리가 더 잘 알고, 그 아는 부분을 더 좋아하면 할수록, 그 사람을 위해 더 열심히 일하겠다' 라는 것이다. 선택이론에 의하면, 우리는 우리를 돌봐주는 분들을 위해 열심히 일할 것이며(소속감), 존경하고 또 우리를 존경해 주는 분들을 위해(힘에 대한 욕구), 함께 웃을 수 있는 사람들과(재미의 욕구), 우리 스스로 생각하고 행동하도록 허락해 주는 분들(자유), 그리고 우리의 삶이 안정되도록 도와주는 분들을 위해서(생존의 욕구) 열심히 일할 것이다.

우리에게 일을 시키는 관리자와의 관계에서 이러한 다섯 가지 욕구가 충족되면 될수록, 그 관리자를 위해 더욱 열심히 일하게 될 것이다. 이러한 사실에 비추어, '좋은 학교' 교사들은 학생들이 선생님에 대해 알 수 있도록 가능한 한 많은 노력을 아끼지 않는다.

다음에 제시하는 사항들은 이것을 위한 몇 가지 제안 목록이다. 기록하고 보니 아주 상세하게 되었는데, 상세하지 않으면 의미가 없다. 선생님이 똑같이 하기를 바라는 것은 아니다. 가장 좋다고 생각하는 대로 자유롭게 실행하기 바란다. 여기서 내가 언급한 제안은, 이 책의 다른 부분에서도 마찬가지지만, 하나의 길잡이로 받아들여주길 바란다. 내게는 여러 선생님들이 모두 전문인으로 생각된다. 그러므로 이 책에 명령이란 있을 수 없다.

또 시간을 충분히 갖고 편안하게 느껴지는 만큼만 하고, 나의 제안이 어떻게 해야 한다는 방법보다는 무엇을 하는가에 더 집중된 것이라는 점을 기억해 주기 바란다. 진행을 서서히 해야 하는 이유는, 만일 선생님이 너무 열심히 하거나 너무 빠르면, 학생들이 선생님은 지나치게 말만 앞세우신다고 생각할지도 모르고, 선생님의 진실성을 의심할 수도 있기 때문이다. 또한 학생들이 이러한 접근방법에 익숙하지 않기 때문에 선생님의 과다한 노력이 강요로 느껴지면 효과를 거둘 수 없기 때문이기도 하다.

이 제안들을 선생님의 교수 방법과 조화롭게 통합하는 것도 최선이 되겠다. 여기 목록에 작성된 이것저것을 선생님의 범위에 넣어 다루는 것이 자연스럽고 수월해질 때가 있을 것이므로, 그 때 기회를 놓치지 말아야 할 것이다.

내가 제안하고자 하는 것들이 여러분에게 지나치게 보일지도 모르겠는데, 그 이유의 하나는 여러분들을 관리했거나 가르쳤던 분들 중에는 내가 여기서 당부하고 있는 것과 근사한 것을 하나라도 해본 이가 극히 드물기 때문일 것이다. 그러나 어떤 분들은 그렇게 해본 적이 있고, 바로 이런 분들을 위해서 선생님은 가장 열심히 일했으며 아직도 기억에 남는 분들일 것이라고 생각된다. 나의 경우도 분명 그러했다. 시간만 넉넉히 잡는다면 선생님은 이 제안들을 실행하는 것이 아주 즐겁다는 것을 발견하게 될 것이다.

'좋은 학교'에서는 여러분이 하는 일을 즐긴다는 것이 매우 중요하다. 학생들이 선생님에 대해 알면 알수록, 자신에 대해서도 점점 더 많은 것을 드러낼 것이다. 이런 학생들과 선생님 사이에는 더 많은 친밀감이 조성될 터인데, 이것이 질의 첫 번째 조건을 충족시키는데 반드시 필요한 것이다.

학생들을 만난 처음 몇 달 동안, 자연스럽게 기회를 보아 다음과 같은 여섯 가지에 대해 이야기해 준다. 첫째, 선생님은 누구인가. 둘째, 선생님이 지지하는 것이 무엇인가. 셋째, 선생님이 학생들에게 당부할 것은 무엇인가. 넷째, 선생님이 학생들에게 요구하지 않을 것은 무엇인가. 다섯째, 학생들을 위해 선생님이 해줄 것은 무엇인가. 여섯째, 학생들을 위해 선생님이 해주지 않을 것은 무엇인가.

이제 각 사항을 하나하나 살펴가면서, 왜 중요하다고 생각하는지에 대해 설명하겠다. 그러나 선생님은 이 목록에만 국한하지 말고, 학생들과 서로 알고 좋아하는 관계를 증진시키는 것이면 무엇이든 더 할 수 있을 것이다.

선생님이 누구인지

우리의 욕구를 만족시켜 주는 주체가 사람이기 때문에, 모든 사람들은 서로 다른 이에게 호기심을 가지고 있다. 텔레비전을 아주 좋아하는 이유 중 하나는 텔레비전을 통해 사람들이 이야기하는 것을 듣고 보게 된다는 것인데, 다른 방법으로는 가능하지 않은 일이다. 유명인이라 해도 그들이 착한지 나쁜지, 그들의 사생활에 대해 잘 알 수 없다. 그런데 우리가 개인적으로 아는 사람들이 텔레비전에 나오는 경우는 아주 드물어서, 아는 사람이 출연한다면 그 프로그램을 보려고 별도의 노력을 하게 된다.

만일 재직하는 학교의 교장 선생님이 텔레비전에 출연할 예정이라고 하자. 교장 선생님이 무슨 말을 할지 들어보려고 온갖 애를 쓰지 않겠는가? 게다가 생각지도 못했던 교장 선생님의 사생활에 대해서 듣게 된다면 어떨까. 예컨대 15세 때 아주 문제가 많아서 소년원에 보내진 적이 있었으며, 거기서 도움을 받아 인생의 전환기를 맞게 되었다는 이야기를 밝힌다고 가정한다면, 선생님과 교장 선생님의 관계가 어느 정도 달라지지 않겠는가. 대개는 더 좋은 방향으로 발전할 것이다. 선생님은 교장 선생님이 청소년 시절의 역경을 극복했다는 점을 더 존경하게 될 것이고, 그가 문제 학생을 어떻게 다룰지에 대해 충고한다면, 더욱 주의깊게 듣지 않겠는가. 교장 선생님이 전보다 더욱 인간적으로 느껴질 것이다.

선생님은 성인으로서 어린 학생들보다 사람들이 살아가는 방식에 더 익숙해 있다는 사실을 기억하라. 아무리 세상 일에 밝은 선생님일지라도 교장 선생님처럼 선생님에게 중요한 분에 대해 모르고 있었던 사실을 알려준다면 진심으로 고맙게 여길 것이다.

어린이들은 아직 세상 일에 밝지 못하다. 어린이는 다른 사람은 고사하고 함께 생활하는 사람에 대해서도 잘 알지 못한다. 윗학년

학생들에게까지도 대부분 자기 선생님이 누구인지 신비에 가려있
다. 모르니까 상상을 하고, 실제로 거의 아는 것이 없는 지식을 바
탕으로 선생님에 대해 잘못된 상(image)을 지니게 되는지도 모르겠
다. 학생 시절, 우리도 모두 그랬던 것을 기억한다. 교외 견학학습
과 같은 비정규 학습 현장에서 우리는 선생님들에 대해 더 많은 것
들을 알게 되었고, 그분에 대한 우리의 견해가 완전히 바뀌는 일도
종종 있었는데, 보통은 좋아지는 것이었다. 모든 사람들처럼, 학생
들도 저희들에게 뭔가 하라고 하는 사람에 대해 몹시 알고 싶어한
다. 하지만 대개는 어둠에 싸인 그대로 남아 있다.

　여러분의 학생들은 선생님이 몇 살이고 결혼은 했는지, 자녀가
있는지, 있다면 몇 살인지 등의 통계 사실에 관심이 있다. 어머니,
아버지, 또는 조부모님이 생존해 계신지, 단독주택에 사는지 아니
면 아파트에 사는지, 차는 무슨 차를 몰고 다니는지, 그밖에 선생님
의 취미에 대해서도 알고 싶어한다. 교직 외에 무슨 일을 했으며,
어떤 텔레비전 프로그램을 좋아하고, 즐겨 듣는 음악은 무엇인지,
어떤 음식을 제일 좋아하고, 또 싫어하는지 등. 목록은 더 이어갈
수 있지만, 선생님 이야기를 너무 길게만 하지 않는다면 선생님에
게는 중요하게 보이지 않는 것들에도 학생들은 매료될 것이다.

선생님이 지지하는 것
　우리 모두의 관심거리이면서도 학생들이 전혀 모르고 있는 것은

바로 선생님이 지지하는 것이 무엇인가 하는 것이다. 선생님 자신
은 가르치는 대로 실천하는지, 그렇지 않다면, 그 이유는 무엇인지
에 대해 궁금해 한다. 예를 들어, 학생이 그릇된 행실을 하거나 숙
제도 않고 방 청소도 하지 않는다면 선생님은 어떻게 하는지, 그리
고 선생님은 독서를 하는지, 한다면 어떤 책인지에 대해서도 관심
을 갖는다. 선생님이 특별히 좋아하는 책을 교실에 가져와 발췌한
부분을 읽어주고, 선생님이 읽어준 부분이 왜 선생님에게 그렇게
중요한가를 설명해 주는가.

세상 일에 대해 선생님의 입장이 있는지, 그리고 그와 관련하여
무엇인가 할 기회가 있다면 어떻게 하겠는지, 또 선생님은 부모님
이나 남편, 또는 사모님하고 의견이 일치하지 않을 때가 있는지, 동
의하지 않을 때는 어떻게 하는지 궁금해 한다. 이밖에 점수가 중요
하다고 생각하는지, 그렇지 않다면 학교에서 더 중요한 것은 무엇
인지 등에 대해서도 관심을 갖는다.

이런 예들은 얼마든지 더 계속될 수 있지만, 선생님이 지지하는
것과 지지하는 이유가 학생들에게는 끝없는 관심의 대상이다. '좋
은 학교'에서 학생들이 자신의 견해를 형성하게 되는 것은 자신이
많이 존경하는 선생님에게서 시작된다.

너무나 많은 학생들이 책임감 있는 성인들을 아직 모르고 있고,
정보도 없는 공백상태에서, 또는 편협되거나 잘못된 정보를 가지고
자신의 견해를 형성한다. 학생들은 자신의 견해를 형성하기 위해서

선생님 같은 분들은 무엇에 대해 생각하며, 왜 그렇게 생각하는지에 대해 알아볼 필요가 있다. 만일 선생님이 지지하는 것이 개인적이어서 남과 나누기가 불편하거나 가르치고 있는 공동체의 규범과 현저히 다르다면, 발설하지 않는 것도 선생님의 자유이다. 그러나 학생들은 인기 없는 의견을 설명하고 그 정당성을 주장하는 방법도 배워야 한다. 만일 선생님이 할 수 있으면, 학생들은 다른 어떤 데서도 배울 수 없는 귀중한 것을 선생님에게서 배우는 것이 된다.

선생님은 또한 인기가 없는 자신의 견해를 표명하기보다는 모범으로 보이기를 원할지도 모른다. 예를 들어, 선생님이 사람이건 생물이건 살생을 인정하지 않는다면, 육식을 하고 '이에는 이, 눈에는 눈으로' 판결하는 공동체가 살상 응보를 받게 될 것이라고 생각하며 반대할 것이다. 그러면, 선생님은 육식을 하지 않는다고 설명하고, 학생들이 그 이유를 물으면 고등동물같은 유기체를 죽이는 것에 반대한다는 것과, 야채와 유제품만으로도 잘 살 수 있다고 믿는다는 것을 설명한다. 그런 살상행위를 강요 당한다 해도 선생님은 사람을 위시해서 모든 고등동물을 죽이는 것에 반대한다고 말할 수 있다.

그러나 선생님의 견해만이 유일하지는 않으며 수용할 만한 다른 견해가 있는데도 선생님은 자신의 견해만 옳다고 생각하고 있다고 말해 주는 것이 좋을 것이다. 만일 학생들이 어떤 것을 믿어야 할지, 어떻게 알아낼 수 있는가 하는 방법을 가르쳐달라고 조른다면,

확실한 방법은 없지만 많은 사람들이 인정하고 효과적인 방법들이 있는데, 그것은 부모님이나 성직자들, 또는 학교에서 공부하는 위인전에 나오는 인물들을 참고하라고 이야기해준다. 결국, 자기 자신을 위해 그런 것들을 알아내는 것은 각자 자신에게 달렸고, 선생님도 그런 방식으로 학생들을 가르치려고 하는데, 이유는 이것이 여러분의 인생을 살아가는 방법이기 때문이라고 말해 준다.

마지막으로, 내가 만일 선생님이라면(이것은 나의 신념이며, '좋은 학교'의 모든 교사들이 나와 같은 생각이기를 바란다), 기회가 닿는대로 자주 틈을 내서, 사람은 무엇보다 다른 사람의 기를 꺾어서는 안 된다는 사실을 믿고 있다는 것을 학생들에게 설명하고, 누누이 반복하도록 하겠다.

학교 안이나 밖에서, 사람들 사이에 생기는 어려움과 마찰의 대부분은 남이 난처하도록 비난하는 데서 생긴다는 사실을 설명해 주도록 하라. 학교는 힘을 기반으로 하는 작은 교직원 집단들과 힘이 없는 학생들로 이루어져 있는데, 이 두 집단이 끝없는 마찰의 원인이 되고, 질적수업의 성공적인 수행을 불가능하게 한다. 좋은 질은 조화와 서로 존중하는 가운데 성취된다. 그러므로 다른 방법이란 있을 수 없다.

선생님이 학생들에게 당부할 것

'좋은 학교'에서는, 학생들이 선생님의 지시 내용을 알고 있는지 확인해야 한다. 즉, 학생들을 절대로 놀라게 하지 않는다는 것이다. 이 점에 대해서는 다음 장에서 자세한 설명을 하겠지만, 여기서는 학급에서 학생들에게 전해줄 수 있는 가장 좋은 방법을 설명하고자 한다.

먼저, 학생들에게 당부하는 것은 선생님 자신이 하지 않는다면, 의미가 없다. 예를 들면, 만일 학생들에게 수업 시작시간에 맞추어 오라고 한다면, 선생님도 도착 시간을 지켜서 제때 수업을 시작할 수 있도록 와야 한다. 만일 어느 교재가 시험에 출제될 것이라고 말하면 그 말대로 해야 한다. 예외가 없다. 비록 '좋은 학교'에서는 아무도 벌하거나 기를 꺾지 않는다 해도, 선생님이 문제를 다루지 않겠다는 의미가 아니라는 점을 학생들에게 주지시켜 주어야 한다. 아무리 작은 문제라도 문제가 생기면, 선생님과 함께 해결할 것을 요청하겠다고 말한다. 이러한 요청은 개인적으로나 집단에서, 또는 전 학급이 함께 하도록 부탁한다.

학생들의 문제를 선생님이 해결해 주는 것보다 학생들 자신이 문제를 해결하는 데에 선생님은 더 많은 관심을 두고 있다는 점을 인식하도록 한다. 또 학교가 있는 목적은 학생들이 배운 것을 사용하는 방법을 가르치는 것이라고 말해 주고, 학생들이 그렇게 할 수 있다는 것을 여러분에게 보여 줄 수 있기를 기대하겠다고 이야기한다. 정확히 어떻게 하는가에 대해서는 다시 한 번 보다 심도있게 다루기로 한다.

선생님이 학생들에게 하라고 요청하지 않을 것

대다수의 학생들이 전통적 학교에서 전학해 올 것이라는 점에 착안하여, 변화가 시작되는대로 적절한 시기를 택하여, 달라지는 것들과 이전에는 학생들에게 요청했던 것이지만 더 이상 요청하지 않을 것들에 대해 알려 주도록 한다. 이것은 선생님이 그 동안 학생들이 익숙해 있었던 다른 교사들과는 다르다는 점을 이해시키는 데 도움이 될 것이다.

예를 들면, 선생님이 준비되었다는 확신이 들면, '좋은 학교'에서는 위협이나 벌, 또는 급하게 하는 공부가 없다는 사실과, 효용가치가 없는 공부는 어느 것도 시키지 않겠다는 점을 분명하고도 상세하게 설명해 주도록 한다.

선생님은 이 책을 읽어가면서 전통적 학교에서 일과로 했던 많은 일들이 '좋은 학교'에는 없다는 사실을 발견하게 될 것이다. 이런 것들을 하지 않는 데에 익숙해지면, 그것들이 무엇인지 학생들에게 말해준다. 학생들은 전에 다니던 학교와 이 학교의 차이점을 점점 더 잘 알고 진심으로 고마워하게 될 것이다. 학생들은 선생님을 더욱 더 신뢰하고, 선생님의 신임도 증대될 것이다.

학생들을 위해 선생님이 해줄 것

학생들이 수업에 오는대로 선생님이 할 수 있는 방법이나, 가능하면 그들이 원하는 대로 도와 주도록 한다. 선생님은 그들의 친구이며 항상 그들 편에 있고, 그들과 대적하는 일은 절대로 있어서는 안된다. 예를 들면, 만일 학생들이 뭔가 알아내거나 좀더 나은 과제를 수행하는데 시간을 더 필요로 한다면, 선생님은 그만한 시간을 더 허락해 주면서 집이나 도서관에서 하라고 충고해 주도록 한다. 만일 질문이 있으면 대답해 주거나, 또는 그렇게 해줄 사람을 찾아 주도록 한다. 만일 학생들이 개선 방안에 대한 의견이 있으면, 교실이건 그들이 생활하는 그밖의 어디라도, 시간이 나는대로, 이야기를 들어주도록 한다. 이런 시간을 내는 것이 업무라고 생각하기를 바란다. 그러나 학생들은 선생님이 몇몇 학생들과 시간을 보낼 때 조용히 공부함으로써 선생님을 도와줄 것이다.

만일 학생 생활에 무슨 문제라도 생기면 선생님은 도와주려고 하겠지만, 이러한 도움의 대부분은 교내에 한정될 것이다. 선생님이 어느 날 어느 시간에 집에 있으니까 학생이나 부모님들과도 전화로 이야기할 수 있다는 것을 알려 주는 것도 좋다고 생각한다. 만일 선생님과 학생들 사이가 좋다면, 그들은 이러한 특권을 남용하지는 않을 것이다.

학생들이 뭔가 의논할 필요가 있다고 생각하면 언제라도 학급회의를 열고 의견 발표를 하도록 격려한다. 선생님이 학급회의에 참여하는 것은 학생들을 도와주고 지지하기 위해서일 뿐 결코 지배하기 위해서가 아니다. 언제라도 선생님이 그들을 위협하거나 처벌하거나, 창피를 주는 일은 절대 없을 것이라는 점도 설명해 주는 것이 좋겠다. 동시에 선생님도 완전하지 않다는 것을 학생들에게 이야기해준다.

만일 선생님이 말한대로 실행하지 않는다는 것을 학생들이 알게 된다 해도 그것을 선생님에게 말하는 것을 무서워하게 해서는 안 되고, 선생님은 그 점에 대해 해명하거나 바꿀 것이라고 말해준다. 이렇게 말하면서 어떤 종류의 문제가 생기더라도 선생님도 학생들의 도움이 필요할 것이라고 말하는 것을 두려워하지 않도록 한다. 학생들이 선생님에게 필요한 도움을 주었을 때 무례하다고 생각하지 말고, 기분이 나쁘더라도 다소 투덜거리기는 해도 절대로 처벌하지 않는 것이 좋다. 학급에서 벌을 주지 않아도 문제는 반드시 해결될 것이다.

선생님은 학부모나 보호자들과 연락을 취하면서 선생님이 학급에서 하고 있는 것이 자녀들을 질적학습으로 이끌기 위해 지도하는 것을 보여주거나 설명한다는 사실을 학생들이 알고 있기를 원할 것이다. 한 걸음 더 나아가, 학생들이 지역사회에 나가 수업에서 배운 것을 활용할 수 있는 방법을 모색해 보기를 원할 수도 있는데, 이것은 학부모의 도움을 받아 지역사회로 가서 알아보면 된다. 그들의 지원이야말로 선생님들이 필요로 하는 것이다. 재판이 열리는 법정을 방문해서 재판관에게 잠시 시간을 내어 법원 제도에 대해 학생들에게 설명해 달라고 부탁하는 것도 한 예가 되겠다.

선생님은 배운다는 것이 아무 짝에도 쓸모없는 많은 양의 숙제

를 강제로 해야 하고, 시험 보고 책 읽고, 강의 듣는 것보다 훨씬
더 중요한 것들이 많다는 사실을 학부모들이 알아주기를 원한다.
학부모들의 도움과 협조로 질적학습 결과를 얻을 수 있다고 믿어
지는 것이라면 어느 것이나 개방적으로 임하도록 한다. 학생들이
학교에서 배우는 것들이 자신들의 인생에 유익하다는 사실을 가르
치기를 포기하는 것은 백해무익하다.

학생들을 위해 선생님이 해주지 않을 것

선생님이 학생들의 과제를 대신 해주거나 그들의 문제를 해결해
주는 일이 없기를 바란다. 학생들이 혼자의 힘으로 해결할 수 있다
고 믿으면, 그 방법을 일러주지 않는 것이 좋다.

많은 시간을 할애하여 학생들에게 자신의 학습을 스스로 평가하
는 방법을 가르친다. 일단 학생들이 그 방법을 배우면 선생님은 학
생이 스스로 평가할 수 있고 선생님이나 다른 사람의 반대 의견이
있어도 자기 평가의 정당성을 당연히 주장하리라는 것도 기대할
것이다. 학생들 대부분은 선생님들이 늘 지시하는 방법에 의존하던
교육환경에서 온 아이들일 것이며, 선생님은 이러한 환경을 바꾸고
자 하는 것이다. 만일 학생들이 선생님의 의견을 묻는다면 선생님은
말하되, 학생들이 먼저 자신의 의견을 개진할 마음의 준비가 되어
있지 않으면 기다린다. 인생에서 성공하려면 자기평가를 스스로 하
고, 다시 노력하고 향상해야 한다는 점을 설명해 주도록 한다. 이런

것은 타인에게 의존할 수도 없고, 또 의존해서도 안된다.

여기서 내가 제안한 것들은 학생들이 선생님을 알고 신뢰하는 데에 반드시 도움이 되리라고 믿는다. 이러한 제안대로 해보는 동안 선생님과 학생들이 서로를 아는데 도움이 될 수 있는 것들이 이외에도 상당히 많다는 것을 발견하게 될 것이다. 또한 등을 두드려 준다거나, 몸짓이나 지지를 나타내는 얼굴 표정 등, 다양한 비언어적 수단들도 동원할 수 있다는 사실을 발견하게 될 것이다.

내 제안의 요지는 선생님이 무엇을 하건, 그것을 통해 학생들이 선생님을 더 잘 알고, 질적학습을 하도록 선생님은 학생 편에서 지지하고 있다는 사실에 도움이 된다면, 무엇이건 해볼 가치가 있다는 것이다.

선생님의 목표는 학생들이 선생님을 잘 알고, 또 선생님에 대해 아는 바를 아주 좋아해서, 자기 가족들 외에 자기가 만난 사람들 중에 선생님이 제일 좋은 분으로 알게끔 하는 것이다. 학생들은 앞으로 일생동안 선생님을 많이 생각하고, 선생님의 사진을 자신의 질적세계 전면과 중심에 지니고 살아가야 한다는 것이다. 적어도 그 정도는 되어야 선생님도 만족하리라.

5, 스스로 공부하는 기량을 키우자

좋은 교육은 학교에 등교하는 즐거움 속에 있다.
학교는 성적이나 등급에 대한 심사에서 벗어나
학생들 스스로
공부할 수 있는 분위기를 만들어주어야 한다.

제조업이건 서비스업이건 생계를 목적으로 일을 할 때, 고객이 요구하는 것은 효용가치라는 점을 알 것이다. 드문 경우이긴 하지만, 군부대 실험실에서 내가 날마다 했던 것처럼 아무도 관심이 없는 일을 하라는 요구를 받는다면, 선생님도 이내 불편해질 것이다. 선생님을 불편하게 한 원인은 힘에 대한 선생님의 기본욕구가 좌절되었다는 데에 있다. 효용가치가 없는 일을 한다면 힘이 솟구치지 않을 것이다.

그러나 직장에서의 일이 전적으로 무익한 경우는 드물다. 어떤 일은 다른 일들보다 더 효용가치가 있어 보이는데, 다시 말해서, 어떤 일은 다른 일들보다 훨씬 더 질이 우수한 상품과 서비스를 제공하게 될 때가 종종 있다. 그러므로 우리가 이야기하고 있는 것은 효용가치 이상의 '질'이다. 유리한 가격에다가 질이 우수할수록, 이것을 성취하는 조직체는 더 성공적이고 고용인들도 안정된다.

그러나 근로자들, 특히 사원 복지시설이 훌륭한 업체에 근무하는 사람들에게는 직업의 안정성보다도 열심히 일해서 우수한 질적 업무를 수행하도록 이끄는 동기가 더 중요하다. 이러한 동기는 높은 인격의 소유자들과 관계를 맺거나 우수한 질적 상품에 관련된 기쁨이라 하겠다.

전통적인 학교에서는 이러한 동기 유발이 없다. 학생들은 별로 많이 배우는 것이 없어도 교사들의 직장은 안정되어 있다. 하지만 이런 학교에서는 가르치는 즐거움이 거의 없다. 이 점은 학생들에게도 마찬가지다. 웬만큼 공부하는 한 안정권 내에 들기는 해도, 기쁨을 느낄 만큼 공부해 본 학생은 거의 없다. 이러한 행복감없이, 현재 대다수의 학생들이 감당하고 있는 학습 양보다 더 많은 양의 학습을 유발할 만한 동기요인은 거의 없다.

학생과 교사들이 어떻게 느끼느냐 하는 점은 데밍에게 대단히 중요한 것이었다. 그는 다음과 같이 말했다.

"학교 체제는 … 아장아장 걷는 어린아기들로부터 상급생들까지 등급에 대한 불안에서 벗어나야 하고, 교사들이 즐겨 처리하는 성적표나 상장 수여에 대한 두려움에서 해방되어 배우는 즐거움을 느낄 수 있는 요소로 구성되어야 한다. 이러한 학교는 학생들의 다양성과 교사들의 다양성을 인정하는 체제이다."

학생들이 연구 과제를 즐겨야 한다는 것은 전통적인 관심사가 아니다. 선생님이나 학생이나 시험이 끝나고 며칠이면 다 잊어버릴 교재를 외우는 것 같은, 전혀 기쁨이 없는 공부를 학생들에게 강요하는 것도 전통적인 학교에서는 용납된다. 이런 학교는 구멍을 팠다가 메우는 일을 하는 학교와도 같다. 한마디로 지배적 관리체제 하에서 실시하던 나의 군복무 시절의 전통적 처벌에 해당된다. 당시 부대의 표어는, 병사는 상부 지시가 유익해 보이든 말든 무조건 따르라는 것이었다. 말썽꾸러기들만 단순히 처벌받는 군대와는 달리, 학교에서는 많은 양의 쓸데없는 공부를 누구에게나 하라고 하고, 이 기대에 어긋나면 벌을 받는다.

　전통적인 교육제도의 주된 결함은 학생들에게 아무리 열심히 공부를 시켜도 동기를 유발하는데 계속 실패한다는 것이다. 사람들에게 자기 욕구를 만족시키지 못하는 일을 하도록 동기를 유발할 방법은 어디에도 없다는 사실을 지배적 관리자들은 깨닫지 못하는 것 같다. 쓸데없는 것들을 많이 해야 하는 고통 때문에 빗나가게 된 다소의 학생들은 글쓰기나 수학 같은 유익한 공부마저도 배우기를 거부한다.

　그러므로 '질'의 두 번째 조건은, 항상 효용가치가 있는 학습을 해야 한다는 것이고, 다섯 번째 조건은 학습이 항상 즐겁고, 학생도 교사도 효용가치가 없는 학습은 '좋은 학교'에서는 절대로 시키지 않는다는 것이다. 만일 선생님이나 학생들이 주어진 과제의 효용성에 의심을 가지면, 그 의심을 나타내도록 격려해 주어야 할 것이다. 가능한 한 즉시 교장 선생님은 여러분에게 그 효용가치에 대해 설명해 주어야 하고, 선생님도 학생들에게 똑같이 해야 할 것이다.

　모든 교사들은(행정가들도) 선택이론을 확실히 알아서, 효용성이 있는 학습만이 학생들로 하여금 질적학습에 필요한 노력을 증대시키도록 동기 부여를 할 수 있다는 사실을 인식해야 할 것이다. '좋은 학교'의 목표인 질적학습은 학습 자체로서 강한 동기를 부여할 수 있는데, 이것이 곧 기쁨이다.

　'좋은 학교'에서 선생님이 할 일은 학생들에게 제시하는 과제의 효용성에 대해 시간을 내서 설명해 주는 것이다. 이런 말을 하기는 쉬울지 몰라도 초기에는 설명하기가 쉽지 않다는 것을 알게 될 것이다. 그것은 선생님이 원하지 않아서라기보다 여러 분들에게 새롭기 때문일 것이다. 초등학교에서 여러분들에게 그런 설명을 해준 선생님은 아주 드물었을 것이다. 전통적인 학교의 전문교사로서 선생님은 이렇게 하는 것이 가치있음을 인정하고 그렇게 했는지도 모르겠지만, '좋은 학교'와 달리 선생님이 가르치던 학교에서 그렇게 하도록 요청받은 일은 절대로 없었을 것이다.

'좋은 학교'에의 부임을 수락할 때에는, 학생들에게 제시하는 모든 학습과제의 효용가치에 대해 설명해 주라는 요청도 함께 수락하는 것이 된다. 여기서는 선생님이 그렇게 하는 것을 돕고, 또한 그것이 염려하는 것만큼 어려운 것만은 아니라는 것을 재확인시켜 주고자 한다.

기술과 정보지식

효용성에 대해 이야기할 때는, 일상생활에 늘 활용할 수 있는 기술교육과 정보지식의 교육을 구별해야 한다. 특히 정보지식은 학생들이 그 가치를 알거나 몰두해서 외울 가치가 있다는 확신을 선생님이 학생들에게 줄 수 있는 지식이다.

내가 이야기하고 있는 기술과 정보지식의 차이는 분명하다. 즉, 기술은 사용하는 것이고, 정보지식은 알고 있는 것이다. 예를 들면, 글쓰기는 학생들이 앞으로 인생을 살아가면서 줄곧 사용할 기술이다. 네팔의 국기를 알아보는 것은 정보지식으로서, 소수의 학생들이 이따금 이용하게 될지도 모르는 지식이다. 이러한 정보지식을 모든 학생들에게 가르치고자 하는 것은 의미가 없다.

정보에 해당되는 지식을 외우는 일반적 근거는 사람들이 살아갈 때 원하는 것이 무엇이든 그것을 할 수 있게 도와주자는 것이다. 그러나 이러한 정보지식이 이것을 사용하는 기술과 튼튼히 연결되어 있지 않다면, 이것은 대개 우리가 의도하는 바가 아니다. 예를 들면, 세포의 구조를 아는 것이 현장의 생물학자에게는 매우 가치 있을지 모르지만, 매년 이 시험을 보는 수백만 학생들에게는 똑같은 지식을 외운다는 것이 고통이다. 그들은 생물에 흥미를 갖기보다는 오히려 흥미를 잃고 딴전을 피우게 되는데, 이것은 무의미한 교수방법이 흔히 빚는 결과라 하겠다. 학생들에게 세포에 관한 기본적 지식을 가르치지 말아야 한다고 말하고자 하는 것이 아니라, 어느 학생에게나 모든 것을 다 외우라고 강요하지 않으면서도 이용 가능한 많은 생물 지식을 가르칠 수 있다는 뜻이다.

이제 학생들을 강요해서 학식이 있는 교양인이 되도록 하려는 것이 일반적 추세이고, 책에는 학생들이 알아야 할 그러한 내용들이 잔뜩 실려 있다.

그러나 '좋은 학교' 교사는 학생들에게 많은 지식을 외우게 하여 학식있는 교양인을 만들려고 하지는 않을 것이다. 그보다는 '가족과 그 점에 대해 얘기해 보도록 하는' 강제성이 없는 숙제와, 읽기나 토론을 이용하여 꼭 알아야 할 우리 문화에 대한 몇 가지 주제에 정통하도록 이끌어 주는 것이 좋을 것이다. 알만한 가치가 있는 것은 암기할 가능성이 높지만 여러분이 억지로 학생들에게 외우게 하려는 것들은 그들이 기억할 가능성이 희박하다. 그러나 학생들은 소용없는 지식을 외우라는 요구만을 받는 것이 아니다. 처벌이라는 위협을 통해 배워야 한다는 압박감에 시달리며, 자신에게 아무 소용없는 것들을 외우는 것을 거부한다면 심한 처벌로 낙제하거나 낮은 점수를 받는다. 이것은 수세기 동안 암기를 교육의 주요한 구성요소로 삼아온 파괴적 교육 전통을 보유하기 위해 지불해야 하는 값비싼 대가이다. 구텐베르그 이전까지는 그것이 중요했을지 모르나, 이제는 그렇지 않다.

'좋은 학교'에서는 학생들을 강제로 암기하게 하려고 시도하지 않는다. 암기는 학생들 삶의 질에 보탬이 되지 못할 뿐만 아니라 많은 학생들로 하여금 학교를 싫어하게 하는 부정적 영향을 미친다. '좋은 학교'에서는 기초 수학능력에만 초점을 맞추도록 한다. 기초라고 부르는 것은 대다수의 학생들이 배움에 대한 욕구와 기쁨이 솟을 만큼 그러한 능력을 충분히 갖추도록 지도한다는 이유에서이다. 기초 수학능력인 말하기, 읽기, 글쓰기, 계산하기와 문제해결하기 등이 배울 가치가 충분히 있다는 것은 대다수의 학생들에게 자명한 사실이다. 이러한 생활 능력들은 음식과 집이 생존에 필요한 것처럼, 이 사회에서 잘 적응해 나가기 위한 것들이다.

'좋은 학교'에서는 다음의 네 가지 범주 중 하나 또는 그 이상의 항목에 포함되지 않는 지식은 학습 대상에서 제외하기로 하는데, 그것은 누구나 이해할 수 있고, 학생과 교사가 거의 늘 받아들일 수 있는 것들이다. 중요한 순서에 따라 적으면 다음과 같다.

첫째, 생활하는데 필요한 기술에 직접적으로 관련된 정보지식이다. 예를 들면, 학생들은 글쓰기와 말하기를 배우면서 문법이 문장의 중요한 구성요소라는 사실에서부터 수학 문제에 대한 풀이 능력을 기르는데 구구단이 계산에 도움이 되며, 지도를 읽는데는 남쪽, 북쪽같은 방향이 중요하다는 사실에 접하게 된다. 이러한 정보들은 기계적으로 외우지 않아도 된다. 필요할 때 적용할 수 있으므로 '좋은 학교'에서 가르치는 기초학습 능력은 광범위하게 활용된다. 학생은 아무리 위협을 당해도 자신에게 소용없는 지식은 보유하지 않을 것이다.

둘째, 학생들이 학습하기를 갈망하는 기술정보이다. '좋은 학교'에서 자주 열리는, 학생과 교사가 함께 하는 토론회에서 학생들이 어떤 특정한 정보지식에 대해 배우고 싶다는 의견이 나오면, 교사들은 최선을 다해 가르치거나, 그런 정보를 어디에서 구해볼 수 있는지 알려주어야 한다.

셋째, 교사들이 유용하다고 믿고 있는 정보지식이다. 예를 들어, 선생님이 만일 셰익스피어와 그의 작품에 관해 배우는 것이 유익하다고 생각하면 가르친다. 만일 어떤 정보가 외울 가치가 아주 많다고 믿으면, 초기에는 이런 지식이 학생들에게 생소하다 해도 결국 전달될 것이고, 그러면 학생들도 그것을 배우고 싶어하게 될 것이다. 반대로 선생님이 노력할만한 가치가 없다고 생각하는 것은 가르치고 싶지 않을 것이다(또는 전문교사로서 그런 것을 가르쳐야 한다고 강요받는 일도 없을 것이다).

넷째, 대학 진학에 필요한 지식이다. 역사상의 날짜나 지리 과목에 나오는 강(江)의 교육적 효용성은 거의 없지만, 대학입시에서 요구할 수도 있다. '좋은 학교'에서는 교사들이 이것을 학생들과 정직하게 토론하고, 대학입시에 필요한 것 외에 소용없는 것들을 배우는데는 얼마만큼의 노력을 들여야 할지 함께 결정하게 된다.

학습지도 기술

이 장의 나머지 부분은 질적 초등학교에서 다음의 다섯 가지 기초 수학능력을 가르치는데 가장 효과적인 방법에 촛점을 맞추도록 하겠다. 이들은 모든 교육의 기초가 되기 때문에 교과과정의 핵심이 될 것이다. 이런 기초 수능을 가르치는 것이 수업의 전부라거나, 또는 이러한 학습이 초등학교에만 국한되어야 한다고 암시하려는 의도는 없다. 다만 초등학교가 자연스럽게 시작할 수 있는 곳이라는 점을 말하는 것이다.

초등학교 학생들에게 중학교 진학 전까지 읽기, 글쓰기, 계산하기와 말하기를 배우고 싶은가를 물어보면, 거의 다 '그렇다' 라고 대답할 것이다. 다음으로 취직 면접을 성공적으로 할 만큼 말을 잘 하고, 모노폴리 같은 게임을 할 때 일어나는 것 같은 일상의 문제 들을 해결할 만큼 계산을 잘 하고, 편지를 잘 쓰고, 신문 구독을 즐 길 수 있게 되기를 원하는가를 물어보면, 이번에도 '그렇다' 라고 대답할 것이다.

이 정도로 배우기를 원하는 학생들을 가르치려면 질적 초등학교 에서부터 시작하는 것이 좋다. 그러나 우리의 목표는 모든 학생들 이 이같은 능력을 다소의 질적학습을 하는데 활용할 능력을 갖추 었다는 사실을 입증해서, 보여줄 수 있을 정도로 지도하는 것이다.

독해

전문교사로서 학생들이 읽어야 할 자료를 준비하는 것은 선생님 에게 달려 있다. 예를 들면, 교과서는 얼마나 사용해야 할지, 선생 님이 어떤 자료든지 가치가 있다고 생각하는 자료를 사용하는 동 안 독서에 주안점을 둘 것을 제안한다.

적절한 말하기 학습의 일환으로 학생들이 읽고 싶어하는 것을 학생들과 의논하게 되겠지만, 저학년에서는 유용한 읽을거리를 마 련해서 읽기 지도를 해주어야 한다. 읽는 법과 지속적 독서에 학생 들의 흥미를 유발하기 위해서는 학생들에게 읽어 주는 것보다 더 효과적인 방법은 없다는 연구결과가 있다. 하루 1시간 정도면 되겠 는데, 그 분량이나 한 번 낭독하는 양은 선생님이 결정하기에 달려 있다. 책의 중요성을 강조하기 위해, 질적 초등학교에서는 학생들의 도움을 받아 학급문고를 설치할 수도 있다. 학생들 자신의 문고에 쉽게 접근할 수 있을 때 책들은 다른 방법으로 얻을 수 없는 가치를 지니기 시작한다. 학급문고에 비치할 책들은 책에 먼지만 앉히고 있는 지역사회 주민들을 수소문하여 방문해서 적당한 것들을 기증해 달라고 부탁해야 한다. 자녀들을 출가시킨 나이 많은 어른들이 사는 동네를 점검해 보는 것도 좋은 책들을 구할 수 있는 한 가지 길이다. 학부모의 도움을 받아 학생들에게 자기 반의 학급도서 기증을 부탁해 보는 방법으로서, 상대를 납득시키고 효과적으로 의사소통을 할 수 있도록 잘 훈련시켜야 한다.

책들은 기증받거나 빌릴 수 있고, 학년 말에 돌려주겠다는 약속이 담긴 영수증을 만들어 빌려 준 사람이 원할 때 주는 것이 좋다. 이런 기획 활동을 통해서 학생들은 돈이 모자랄 때 기증하고 대여하는 것이 일반적 방법이라는 사실을 알게 될 것이다. 가능하면, 지역 신문과 라디오나 텔레비전 방송국에 협조를 요청하여 여러분이 이루려는 목표를 선전할 수도 있을 것이다. 어느 주말을 이용하여 선생님과 학생들이(학생들은 부모님들의 도움을 요청하는 일을 맡으면 좋다) 동네를 다니며 책을 부탁한다는 것을 알리는 포스터를 만들어 붙이는 것도 좋다.

기증받은 책이면, 기증분 만큼의 세금을 감면 받을 수 있도록 기증인에게 영수증을 주고, 이 과정에서 학생들에게 세금과 기부금에 대한 면세 혜택에 관해 가르칠 수도 있다. 빌린 책들이면 책꽂이에 주인의 이름을 표시해 별도로 보관하는 것이 좋을 것이다. 학생들이 어리더라도 문고 책임자나 차례를 정하면 책의 입출을 기록하는 유익한 일을 배울 것이다.

어린이들에게 대화 기술을 가르치기 위해 자기가 많이 좋아하는 책을 다른 사람들에게 선전하여 사게 하거나, 책에 대한 보고를 말해 보도록 격려해 준다. 학급문고에서 얻는 이점이 아주 많은데, 그것은 학생들을 실제 도서관의 세계로 인도한다는 사실이다. 교과서나 학교 도서관에서 빌린 책처럼 자기 소유가 아닌 책에는 가지지 않았던 관심을 이제 자신들이 주인이 된 이 학급문고에 돌리게 하는 것은 별로 어려운 일이 아닐 것이다.

상당한 흥미를 불러일으킬 수 있는 한 가지 제안은 지역 작가를 초대하여, 저술에 대한 얘기를 듣는 것인데, 그의 저서를 한 권 기증받을 수도 있다. 대개의 작가들은 이런 일을 몹시 하고 싶어하고, 어떤 분들은 쉽게 응해줄 수 있다.

그 지방 유선방송 공익채널과 교섭하여 어린이들이 자기들의 학급도서에 대해 토론할 수 있도록 30분 정도의 시간을 할당받을 수도 있다. 친구들이 텔레비전에 나오면 어린이들의 주의를 끄는 좋은 기회가 될 것이며, 이것이 어린이들에게 독서에 대한 관심을 불러일으킬 것이다. 각반 학급도서마다 학교 도서관의 지부가 될 수 있으며, 선생님은 교사로서 각반 학생들을 격려하여 다른 학급문고를 방문해 보도록 격려해 주면 좋을 것이다. 이 모든 절차는 학생 사서들에 의해 조정되는 것이 바람직하다. 학생들이 힘을 모아 마련한 학급도서는 주인의식에 대한 소중한 체험이 될 것이다.

전통적인 학교에서는 학생들이 무엇인가를 소유한다는 것은 생각조차 못하고, 모든 것이 학교와 교직원들의 소유일 뿐이다. 자기 소유물이 아니므로, 그것을 취득하는 데에 자기 통제력이 없는 것들을 '질'로 볼 가능성은 자신의 소유물일 경우 보다 훨씬 적다.

'좋은 학교'의 목표는 학교가 저희들의 학교라는 사실을 알게 해주고, 학교의 결정사항에 가능하면 학생들을 많이 참여시키는 것이다. 학급도서는 이러한 학습과정의 시작 방법을 보여주는 한 가지 예이다.

내가 이 모든 제안을 하는 것은 선생님이 꼭 그대로 실행할 것을 원하기 보다는 '좋은 학교'에 있는 선생님의 힘으로 유익한 것들을 찾아내는데 격려가 되도록 하나의 보기를 든 것이라는 점을 다시 강조하고 싶다. 효용성이 있는 기술교육에 집중한다는 점에 착안함으로써 선생님은 학생들이 책과 독서에 전념하도록 하는 많은 다른 방법들을 생각해 낼 것이다.

글쓰기

글쓰기라고 말할 때는 뭔가 읽을 만한 가치가 있는 글을 쓴다는 것을 의미한다. 구매할 식품목록을 적는 능력을 말하는 것이 아니다. 물론 이것도 가르쳐야겠지만, 여기서 논의되는 진정한 의미의 글쓰기가 아니다. 워드프로세서로 쓰는 것이 손으로 쓰는 것보다 훨씬 더 쉽기 때문에 '좋은 학교'에서는 이것을 꼭 권하고 싶다. 학교 컴퓨터실 외에 학급마다 컴퓨터가 적어도 한 대 씩 있으면 학생들이 여기에 아주 친숙해질 수 있고, 다른 방법은 별로 필요없게 될 것이다. 자기들이 현재 배우고 있는 것이 시대에 뒤떨어진 것이라는 사실을 아는 것처럼 학생을 더 빗나가게 하는 것은 없다. '좋은 학교'에서 글쓰기보다 더 진지한 것은 없다. 이제 펜과 연필은 구식이 되었다.

어린이들은 1학년부터 간단한 워드프로세서 사용법을 배워서 글을 쓸 수 있도록 독려해야 한다. 학교에 컴퓨터가 충분하지 않으면, 학부모나 할머니, 할아버지가 계획을 세워서 컴퓨터가 있는 동네 분들을 찾아가 학생들이 사용할 것을 허락해줄 수 있는지, 아이들에게 그 사용법을 가르쳐 줄 수 있는지 알아볼 수도 있다. 필요하다면, 밤에 사용하지 않는 컴퓨터가 있는 사업체에 1주일에 하루나 이틀 저녁 어른의 지도 아래 몇 개의 컴퓨터를 아이들이 작문에 사용할 수 있는지 알아본다. 학생들에게 필요한 충분한 컴퓨터 확보 방법을 강구해 보는 일보다 급선무는 없을 것이다.

학생들의 관심을 끄는 주제에 관해서라면 어떤 글이나 쓰고 또 많이 쓰도록 격려해 주어야 한다. 편지, 연극, 이야기, 자서전, 책까지 모두 써 볼만한 글로서 가르쳐 주어야 한다. 여러가지 다양한 글을 쓰도록 학생들의 관심을 끌어내는 방법을 모색해 보는 것은 전문교사에게 달렸지만, 컴퓨터로 시작하게 하는 것은 일단 시작한 것을 중단시키는 것보다는 덜 문제가 될 것이다. 컴퓨터를 이용하여 시험을 보는 것이 학생들에게 이런 기회를 줄 것이다(시험을 위해 컴퓨터 방을 예약해 놓을 수도 있다).

'좋은 학교'의 목표가 우수한 질적학습이고, 쓴 글을 수정하고 개선하는 작업은 컴퓨터로 하는 것이 아주 쉬운데, 학생들에게 컴퓨터에 접근할 기회를 주지 않는다면 어떻게 질적수업을 할 수 있을까? 컴퓨터는 글쓰기 외에 여러 가지 다른 목적에도 사용될 수 있으나 현재는 글쓰기가 가장 중요한 용도이다.

모든 학생들이 컴퓨터를 사용해서 글쓰기를 배우도록 돕기 위해 컴퓨터 전문지식이 있는 학생들을 모집해서(거의 모든 학교에 그런 학생들이 많이 있는데, 어떤 학생들은 선생님들보다 더 많이 알고 있다) 다른 학생들을 가르치게 할 수도 있다. 교직원은 학부모나 성인 자원봉사자, 전문지식이 있는 고등학교 학생들, 자원봉사대에 도움을 청할 수도 있을 것이다.

계산과 수학

계산은 '좋은 학교'에서 가르치기도 쉽고 배우기도 쉬울 것이다. 여기 학생들이 계산하기를 좋아하는 이유는 문제를 풀어서 답을 맞추는 체험학습을 하기 때문이다. '좋은 학교' 학생들이 좋아하지 않는 것은 전통 학교에서 산수 시험을 칠 때 흔히 당면하게 되듯이 문제 푸는 방법을 모르거나 답이 틀려서 창피를 당하는 것이 아니다. 앞에서 분명하게 밝힌대로 '좋은 학교'에서는 학생들은 배우기 위해 다니고 절대로 창피 당하는 일이 없으며, 배움은 결코 시간과 관계가 없으며, 교직원은 모든 학생들이 배울 수 있다는 사실을 알고 있을 것이다.

이러한 교육 방식의 진가는 먼저 계산법을 가르치고 나서 수학을 가르치는 데서 극명하게 드러난다. 총명하면서도 간단한 계산조차도 자신이 없는 성인들을 우리는 주위에서 많이 만나게 되는데, 이것은 모두 산수문제를 무조건 목구멍 속으로 꽉꽉 쳐넣고 목에 걸리면 벌을 주는 주입식 교육제도의 산물이다.

뒷 장에서 자세히 설명하겠지만, 학생들을 소수의 집단으로 나누어 과제를 주고, 만일 도움이 필요하면 먼저 같은 조의 학생들끼리 서로 물어보게 한 다음, 학생 조교에게 그리고 마지막으로 선생님들에게 도움을 구하도록 한다. 초등학교 학생들이 배워야 하는 주요 계산능력은 덧셈, 뺄셈, 곱셈, 나눗셈, 소수, 백분율과 분수계산법이다. 일반적으로 사용되는 분수, 10단위의 반, 그 다음에는 12분법과 16분법만을 가르치고 시험본다. 그 외에 나머지 분수들은 소수와 백분율과 함께 다루게 된다. 더 복잡한 분수를 배우기 원하는 학생들에게는 그렇게 하도록 격려해도 좋지만, 그것이 '좋은 학교'에서 반드시 요구할만한 가치가 있는 것은 아닐 것이다.

초등학교에서 배우는 계산능력만으로도 대수 같은 고급수학을 필요로 하지 않는 우리들 대부분은 충분하다. 그러나 대수부터 그 후의 수학은 초등학교 이후의 질적교육과정의 중요한 부분이 될 것이다. 학생들은 일찍부터 계산 공부를 시작하게 하고, 못할 리가 없다고 말해준다. 결국 모든 과목이 마찬가지지만, 계산과 수학도 필답시험과 강제성을 띤 숙제는 없다. 소집단에서 자신이 계산 과정을 완전히 배웠다는 자신이 생기면, 누구나 손을 들고 선생님이나 지정된 산수 조교(학생이나 자원 봉사자)에게 자기가 터득한 전형적 문제 하나를 단계별로 차례차례 그 방법을 풀어 보이면서 설명하도록 하는 것이 좋다.

한 과정을 완전히 알면 곧 다음 단계로 넘어간다. 공부할 시간을 충분히 갖게 되므로 남의 것을 컨닝할 이유도 없다. 인내심을 가지고 격려해 주는 선생님이나 개인교사에게 자기가 터득한 것을 설명할 기회가 주어진다면, 누구나 계산을 잘 하게 될 것이다.

학생들은 계산에서 수학으로 넘어가는데, 이 초기 단계의 수학은 대수나 전통적으로 가르치는 수학이 아니다. 그것은 계산 능력을 이용하여 실생활의 문제들을 해결하는 능력이 될 것이다. 대수 같은 고급 또는 정식 수학은 계산 과정을 다 알 때까지 기다리거나, 매 계산 과정에 통합시킬 수 있다. 최선의 선택이나 더 나은 방법을 생각해 내는 것은 선생님에게 달려 있다. 여기서 제안하는 것은, 검증되기는 했어도, 하나의 제안일 따름이다. 이 제안처럼 효과적이거나 더 나은 방법들을 담당교사들이 생각해 내리라고 나는 믿는다. 내가 이야기하고 있는 수학은 관례적으로 응용 문제라 불리던 것들이다. 조사에 의하면 대부분의 학생들의 계산 실력은 잘 훈련되어 있다고 한다. 그러나 바로 그 학생들은 어느 일정한 넓이의 방을 칠할 페인트의 양을 얼마나 사야 할지, 또는 보통 크기의 책 5백 권을 꽂는 책꽂이를 만들려면 나무를 얼마나 사야 할지와 같은 응용 문제를 푸는 데는 그런 계산능력을 활용할 줄 모른다는 것이다. '좋은 학교'에서는 학생들에게 주인의식을 심어주기 위해 학교가 어떤 방법으로 재원을 조달하는지 가르쳐주고, 난방비, 교사들 봉급 등에 필요한 돈이 얼마나 되는지를 계산하도록 하는데, 모두가 간단한 수학이면 된다.

수학 교과서는 계산과 간단한 수학 문제들을 가르치는데 도움이 되는 방향으로 고려되어야 한다. 질적인 초등학교 수학 책들이 많이 나와 있다. 문제는 좋은 책들이 현재 잘못 사용되고 있다는 점이다. 이 책에서 뽑은 문제들 외에도, 초등학교 학생이면 풀 줄 알아야 하는 수학문제들을 지역 주민들에게 제출해 달라고 부탁해야 한다. 이렇게 한다면, 학교에서 배워야 할 것들을 학생들이 배우지도 못한다는 불평이 지역 주민에게서 나올 리 없을 것이다. 그런 문제에 관심을 가진 지역 주민들이 만나서 산수 문제들을 푸는 데 필요하다고 생각하는 것들을 선생님들에게 상세하게 알려줄 수 있을 것이다. 그리고 선생님이 여기에 동의하면, 학생들이 알아야 할

것을 숙지했다는 것을 어느 지역주민에게라도 입증해 보일 수 있
도록 지도해 줄 수 있을 것이다

말하기

학생들이 신뢰를 얻을 수 있도록 문법에 맞게 말하는 것을 도와
주는 것은 현실적으로 우리 사회에서 가장 값진 보상을 받는다. 이
것을 달성하기 위한 가장 좋은 방법은 학생이 혼자 또는 소집단에
서 학습할 때, 선생님이 함께 이야기하는 시간을 많이 갖는 것이다.

학생들은 선생님의 격려를 받아가며 계속 이야기할 때, 자기 표
현능력을 향상시키기 위해 자연스럽게 노력할 것이다. 학생이 그렇
게 할 때, 선생님은 문법이 개선될 수 있는 곳을 이따금 지적해 주
고 싶을 수도 있다. 그 때 문법을 배우는 목적이 자기가 이야기하
려고 하는 것을 더 분명하게 나타내기 위한 것이라고 설명해 주도
록 한다. 문법과 용법을 따로 가르치면 학생들은 이것을 힘든 공부
로 여기고 이해하려고 하지 않는 경향이 있다.

학생들이 말하기에 관심을 가지게 하는 가장 좋은 방법은, 관심
을 보여줌으로써 그들이 하고자 하는 이야기를 듣고 싶어한다는
확신이 들게 해주는 것이다. 이와 병행하여 학급회의를 자주 개최
하고, 모든 문제들을 대화를 통해 해결하도록 해보자. 회의를 이용
하여 계획을 세우고, 모든 학생들이 이러한 토론에 참여하도록 한
다. 이야기하지 않는 학생이 있으면 부드러운 표정으로 바라보면서

염려하지 말고 그들의 의견을 물어보도록 한다.

"존, 네가 한참 아무 말도 하지 않았구나, 너의 의견이 듣고 싶은데…." 라는 식으로 말문을 열어준다. 그 학생은 말을 안 할지도 모른다. 그래도 계속 그 아이를 바라보고 있으면 자기가 무슨 말을 할지 선생님이 정말 듣고 싶어한다는 생각이 들기 시작하고, 그러면 곧 이야기를 할 수 있을 것이다.

선생님이 수업에서 지도하는 것 외에, 지역사회 공동체에서 이야기해야 할 활동계획에 학생들을 참여시키는 것도 또 한 가지 방법이다. 앞서 말한대로, 학급문고를 위한 도서 수집이 이상적인 방법이 될 것이다. 이것은 판매원이 지녀야 할 자세로서, 수업 중 모의학습을 통해 길러 줄 수 있는 중요한 능력이다.

한 학생이 집주인(빌려주는 사람) 역할을 하게 하고 다른 학생들이 책의 좋은 점에 대해 이야기한다. 학부모를 모셔올 수도 있고, 선생님이 주민 역할을 할 수도 있다. 이것을 소집단 단위로 하고, 학생들이 아주 잘 할 때까지 기다렸다가 지역사회로 내보낸다. 학생들이 설득시키고자 하는 목표는 바로 그들 자신이라는 사실을 설명해 준다. 그들이 실력있고, 남을 배려하는 학생이라는 인상을 줄 수 있으면, 많은 책을 구할 것이다.

문제 해결

수학의 목표가 계산 능력을 배우는 것이지만, 이 과목을 통해서 실제 생활상의 문제 해결 능력을 일찍부터 길러주어야 한다. 문제 해결의 핵심이 지식을 논리적으로 사용하는 것이며, 정보를 모으는 유일한 본래 목적이 그것을 활용하는 것이라는 사실을 가르쳐준다. 보통 현 지역사회의 문제들을 이용하는 것이 문제들을 지어내거나 책에서 **빼**는 것보다 낫지만, 학생들이 관심이 있는 것이면 어느 것이나 다 좋다.

예를 들어, 로스앤젤레스의 경우 보통 수도물이 모자라는데, 최근 전 지역주민들이 수도물 절약에 동참해 달라는 부탁을 받았다. 이와 같은 문제를 이용하여 학생들은 기본적 문제 해결 능력을 기르고, 지역공동체의 문제 해결에 그들이 무엇인가 기여할 수 있다는 생각을 가질 수 있게 해 준다. 예를 들면, 학생들에게 수도물 절약 방법을 가르칠 수 있다면, 학생들은 배운 것을 실천하기 시작할 것이다. 학교 수도계량기 읽는 법을 배우고, 이 판독을 이용해서 물을 가장 잘 절약할 수 있는 방법이 어느 것인지 점검해 볼 수 있다. 배우는 것을 도표와 도식으로 나타내는 법을 가르쳐 주고, 컴퓨터에 능숙한 사람도 모집해서 이것을 컴퓨터로 다양하게 기안하거나 도표화하는 것을 가르칠 수도 있다. 이것을 활용하여 자기 집이나 아파트 계량기를 읽고 도표로 나타내 보도록 할 수 있다. 토론회를 열어 의견 차이에 대해 토론하고, 전문가를 모셔다가 의사전달을 해 볼 수도 있을 것이다.

학생들은 또한 자진하여 주민들을 가정방문하여 학교에서 배운 것들을 설명해 주고, 가정에서 어떻게 수돗물을 절약할 수 있는지 가르쳐 줄 수도 있을 것이다. 이러한 실습은 문제 해결은 물론, 말하는 능력을 활용하는 데도 도움이 된다. 이것은 '좋은 학교'의 질적교사가 학생들이 학교에서 배운 것을 이용해 현실 사회에 참여할 수 있도록 지도하는 여러 방법들 중의 하나에 불과하다. 이런 이유 때문에 지역사회에서는 학교 교육이 더욱 중요하게 되고, 학교에서 배우는 것과 실제 사회생활을 연결해줄 것이다. 이것은 오늘날 우리 학교가 흔히 간과해 왔던 면이기도 하다.

6. 포용성 있는 정보지식 가르치기

좋은 학교에서는
무엇이나 암기하라고
요구하지 않는다.
학생들 개개인의 인격 형성과
실생활을 이어줄 수 있는
질 높은 학습 방법을 찾고자 애쓴다.

학창 시절, 특히 초등학교 이후에 우리들은 많은 정보를 외워야 했던 것을 기억할 것이다. 지리에서는 나라 이름과 수도를, 과학에서는 바위와 행성들을, 생물에서는 새와 소화 효소와 박테리아를, 역사에서는 전투 장소와 그 시기를, 그리고 사회에서는 정부조직과 헌법 조항들을 외웠었다. 이런 정보지식을 외운 이유는 오래전 누군가가 어디서 활용한 사례가 있었던 사실을 학교가 수용했기 때문이다. 우리가 그것을 배울 때는 아무도 그런 경우가 우리에게 있으리라고 생각하지 못했었다. 예를 들면, 어느 학생도 "참, 중요한 거로군, 이건 배우면 아주 유용할테니까 평생 기억해야겠다"라고 말하는 것을 들어본 기억이 없다. 기억력이 좋다면 잠시 그대로 외우고 있었을지도 모르지만, 결국 다 잊어버렸다.

정보는 암기하고 있어야만 배울만한 가치가 있는 것인가. 지금은 기억하지 못하는 많은 것들을 많이 배웠으며, 배울 때 그것에 대해 심사숙고하고 학급에서 이야기했던 기억은 있지만, 이것은 특별히 내가 선생님에게 관심이 있을 때의 일이었다.

특별히 기억에 남는 경우는 내가 선생님을 사랑했을 때였다. 나는 선생님 때문에 그렇게 했던 것이다. 그 때의 경험에 대해 오늘 내가 기억하는 것은 오랫동안 잊혀졌던 정보지식이 아니라 선생님이 내게 배우는 것을 사랑하도록 일깨워 주셨다는 사실이다. 내가 선생님과 함께 했던 경험을 그토록 가치있게 한 것은 결국 선생님의 사랑이지, 선생님이 가르쳐 주신 특정 내용은 아니었다.

'좋은 학교'의 질적교사들은 우리 사회에서 성공하려면 아주 많은 것들에 대해 배울 것을 주장하는 지역주민들과 상대하게 된다. 그들에게 답할 때, 선생님은 우리 사회가 빨리 변하고 있어 장차 어떤 것이 문화적 가치가 있는지 어렵다는 점을 지적해야 한다.

오늘 나는 '샹리라'를 언급했는데 많은 젊은이들이 잘 모르고 있는 것은 정말 뜻밖이다. 나의 어린 시절에 그 가공의 나라는 아주 잘 알려져 있어서 그것이 상식 밖으로 밀려나리라고는 꿈에도 생각하지 못했었다. 한 문화의 보존은 그 사회의 욕구를 지속적으로 만족시키는 것이지만, 그렇다고 학생들이 강제로 배우게 할 만한 가치가 있다고 말할 수 있겠는가.

욕구를 만족시키는 것이 무엇인지 판단하기 위해서 우리가 물을 수 있는 가장 좋은 질문은 "지금 또는 미래에 이것이 네 인생에 도움이 되겠는가?" 하는 것이다. 예를 들면, 나는 요란한 록 음악에 대해 읽거나 들을 때, 한없이 무지하다. 그래도, 내 욕구를 만족시키지 않는 그런 음악을 배우기 위해 더 많은 노력을 기울이고 싶지는 않다. 아무도 그 가치를 내게 가르쳐주려고 하지 않았기 때문에 그것이 나의 욕구를 절대로 만족시킬 수 없다고 말할 수는 없다.

만일 누군가 내가 존경하는 분이 이 음악을 이용해서 즐거울 수 있는 방법을 가르쳐 준다면, 나도 그것을 알기 위해 노력할 지도 모른다. 외우라고 요구하는 지식은 지금 또는 미래에 이용할 수 있는 것이어야 한다. 그렇지 않으면 아무리 배우라고 강요해도 우리는 힘써 배우려고 하지 않을 것이다.

앞서, 나는 초등학교에서는 학생들이 다섯 가지 기초 수학능력이 숙달되고, 어떤 지식을 가르치든 그것은 이러한 수학 능력과 밀접하게 연결되는 것이 무엇보다 중요하다고 설명했다.

질적 중·고등학교에서는, 지식정보와 **활용**할 수 있는 기초수학 능력을 연결지어 주는 모든 시도를 다각적으로 지속해야 할 것이다. 질적 중·고등학교 교사로서 선생님들은 이것이 특히 어렵다는 것을 발견할 텐데, 그 이유는 선생님이 만일 수업방식이 더욱 지배적인 초등학교에서 가르쳤다면, 그러한 전통과는 더 큰 결별을 각오하지 않으면 안되기 때문이다.

모두 그런 것은 아니지만, 교육적 성과가 나타나고 있는 물리, 화학 및, 몇 과목을 제외한 수학과 생물, 역사, 지리, 외국어와 문학 수업방식들은 그 활용능력을 길러주기보다 정보지식을 가르치고 시험을 보는 것이기 때문에 암기가 필요하다.

예를 들면, 지리 과목은 학생들이 강, 대양, 산맥 같은 지표면 형태와, 지층구조 같은 지질학적 특징의 형성에 대해 외우느라 대부분의 시간을 보냈다. 전통적인 객관식 시험문제를 책을 보지 않은 채 답할 만큼 잘 외울 수 있으면, 학생들은 그 과목에서 점수를 딸 수 있다. 전통적인 교사들은 학생들에게 이런 지식들을 활용할 수 있는 방법을 가르치거나 암기 내용의 활용방법을 아는가를 따지기보다는 암기 능력에 훨씬 더 큰 비중을 두고 성적을 매기려는 경향

이 있다. 이렇게 암기한 것들을 시험이 끝난 다음에도 기억하고 있
는지에는 거의 관심이 없다.

예를 들면 표준 수학능력고사(SAT)를 치기 전, 거의 모든 학생들
이 이전에 배웠던 것을 다시 외웠다가 곧 잊어버린다. 수학능력고
사 후에는 심지어 처음보다 더 빨리 잊어버리는데, 이것은 지식의
구덩이를 팠다가 며칠도 안돼 메우는 슬픈 학습현장이다. 지식의
활용능력을 시험하거나 평가하기보다 무엇인가를 암기할 수 있는
지 없는지를 평가하기가 교사들에게는 훨씬 더 쉽다.

그러나 앞서 설명한 것처럼, 이런 방식으로 가르치고 평가하는
것은 너무 재미가 없기 때문에 교사도 학생도 결국 모두 옆길로 빠
져서 주입식 교육을 하다가 중단하고 만다. 효율적으로 가르치고
평가하기 위해 여러 선생님들은 더 열심히 해야겠지만, 가르치는
즐거움과 질적교육이라는 대가는 이 과외의 노력을 보상해 주고도
남을 것이다.

'좋은 학교'에서는 무엇이나 암기하라는 요구는 하지 않을 것이
다. 세포의 구조 같은 지식을 현재 또는 이후에 실생활에서 활용할
수 있는 방법을 가르치는 데에 중점을 두도록 한다.

이미 말한대로 이런 교육은 현재 수학, 물리, 화학 과목에서는 잘
되고 있으므로 내가 제안하고 있는 것이 전혀 새로운 것은 아닐 것
이다. 그러나 중·고등학교 교과과목의 대부분을 차지하는 암기과
목 교사들은 시행은 물론 전혀 경험해본 적이 없는 것들을 배워가

지고 해야 할 것이다. 대학 교육을 받을 때도 여러분은 실용적 교육이나 실질적 활용에 역점을 두는 스승들을 경험하지 못했기 때문에, 이런 것을 배우는 것은 선생님 자신에게 달려 있으며, 많은 노력을 필요로 한다. 그러니까 이런 방식으로 가르치고 평가하는 것이 질적 중·고등학교를 만드는데 있어서 제일 힘든 부분이다.

기초 수학능력을 바탕으로 한 교과과정을 가르치는 제일 좋은 방법은 선생님이 가르치고자 하는 자료를 사회 현실과 연관짓는 것이다.

예를 들면, 우리 모두는 어느날 어떤 뉴스에 관심이 있다. 이것을 뉴스라고 부르는 이유는 뉴스가 우리 생활에 관한 것이기 때문이다. 에이즈는 늘 뉴스에 나온다. 선생님이 만일 생물을 가르친다면 앞으로 몇 년은 매직 존슨이 인체 면역 바이러스 결핍증에 감염되었다는 사실을 학생 대부분에게 가르칠 필요는 없을 것이다. 알고 있을 테니까.

이 흥미로운 정보를 가지고 선생님은 에이즈에 대해 가르침으로써 학생들이 생의학의 구석구석을 샅샅이 살펴보도록 이끌 수 있을 것이다. 아무도 잊어 버리지 않을 극소수의 기본적 사실을 제외하고는 누구나 모든 것을 외울 필요는 없다. 예를 들면, 모든 학생들이 성을 건전한 방식으로 보존하고 있는지는 모르겠지만, 그렇게 해야 한다는 것이 무엇인지는 모두 알고 있을 것이다.

가르칠 때는 선생님이 관심이 있는 것을 가르치도록 한다. 새에 관심이 있으면, 생물을 가르칠 때 새에 초점을 맞춘다. 만일 포우가 선생님이 좋아하는 작가 중의 한 사람이라면, 영어를 가르칠 때 그의 작품을 가르친다. 남북전쟁 이후 흑인의 시민권 쟁취 실패와 미합중국 재건 시대가 선생님 관심사 중 하나라면, 그 사건에 대해서 그리고 그 사건이 주기적으로 반복될 수 있다는 사실도 가르친다.

선생님이 자기들의 욕구를 만족시켜 준다는 것을 학생들이 알게 되면, 선생님이 관심이 있는 것은 어느 것이나 학생들의 흥미를 끌 가능성이 있다. 우리의 흥미를 끄는 것들은 대개 우리가 존경하는 소중한 분들에게서 우연히 발견하게 된다.

선생님이 가르치고 싶은 것과 마찬가지로 무엇을 가르쳐야 할지에 대해서도 걱정하지 않는다. 학생들은 선생님을 기억하는 한 선생님이 전문인으로서 가르친 가치있는 지식이 무엇인지 알고 있을 것이며, 선생님의 학급에 있었던 것이 많이 이로웠을 것이다.

학생들의 관심을 존중하도록 한다. 함께 이야기하여 그들의 관심이 무엇인지 알아보고, 거기에 맞추어 가르치도록 한다. 학생들이 만일 정규 교과과정의 어느 일부에 관심이 없더라도 실망하지 말고, 학생들이 어느 것에도 관심이 없는데도 놀라지 않아야 한다. 그들은 그저 멍하니 보일 수도 있기 때문이다.

전통적인 학교 체제에서 고등학교까지 다니다 보면, 대개의 학생들은 그들의 관심사에 전혀 관심을 두지 않는 어른들에게 아주 단념한 상태가 되기 때문에, 그들의 관심을 묻는 선생님의 질문을 즉시 따라갈 수가 없는 것이다. 이 학교에서 사정은 달라졌다는 사실을 학생들이 깨닫기 전까지는 선생님은 자신의 관심 대상이나 추측하는 것들을 다루면 될 것이다.

선생님의 진정한 관심은 학생들이 무엇을 알고 싶어하느냐 하는 것이다. 인내하면서 꾸준해야 한다. 학생들은 자기들에게 관심이 있다고 강변하는 어른들을 의심하고, 이 의심이 사라지려면 오랜 시간이 걸린다. 그러나 언젠가는 저희들의 관심을 나타내기 시작할 것이고, 만일 학생들이 알고 싶어하는 것을 더 많이 가르쳐줄 수 있다면, 선생님은 그들의 관심을 사로잡게 될 것이다. 그렇게 하면, 학생들은 선생님이 가르치는 모든 것에 관심이 높아질 것이다.

만일 선생님께서 '좋은 학교'가 되기 위해 전념하는 것과는 아주 거리가 먼 학교의 교직원으로서 이 장을 논하고 계시다면, "이 친구 정신 나갔군. 세상 어디에도 이런 제안을 하게 내버려 두는 학교는 없다" 라고 할 수 있다.

선생님 말씀도 맞지만 내가 미친 게 아니다. 내 제안대로 선생님들이 자유롭게 할 수 있는 학교는 거의 없다. 그것은 이 나라에 질적 서비스를 하는 곳이나 질적 공장이 거의 없는 것과 마찬가지로 '좋은 학교'가 극히 드물기 때문이다.

'질'은 지도자에게 달려 있다. 대개의 근로자들과 지위가 낮은 관리자들도 교사들과 마찬가지로 지시받는데 익숙해 있다. 내가 지적해 낼 수 있는 선례들이 많이 있었으면 좋겠지만, 그렇지 못하기 때문에 '좋은 학교'를 표방한 학교에서 질적교사가 되고자 하는 선생님이 그 선례를 남기는 분이 될 것이다. 선생님을 관할하는 행정 담당자들은 선생님이 새로운 체제로 전환하도록 격려하고 있다.

"선생님, 이 기회를 이용하십시오. 다시는 기회가 없을지도 모릅니다."

이것이 내가 선생님에게 드리고 싶은 조언이다.

7, '좋은 학교'의 목표달성을 위한 몇 가지 제안

학생들의 글을 채점하지 말자.
채점을 하면
학생들 스스로 자신을 평가해 버리고
선생님의 채점에 맞추어
학습을 평가하려는 경향이 있다.

'좋은 학교'의 목표를 놓치지 않는 것이 중요하다. 그 목표는 모든 학생들이 질적 학습의 양을 증대시켜 가는 것이다. 이것을 성취하기 위해서는 학생들이 선생님 반에서 하는 것을 아주 행복하게 느껴야 한다(자신의 학업에 대해 행복감을 느끼는 것이 질의 다섯 번째 조건). 이것은 여러분과 학생들이 함께 가르치고 배우면서 앞의 네 가지 질의 조건을 학업에서 실행해 갔을 때 성취될 것이다.

보다 자세히 설명하자면 이러한 조건들은, 첫째 선생님을 알고 공부하는 곳이 되도록 돌보아준데 대해 감사드리고, 둘째 선생님이 지정해주는 공부가 늘 유익하다고 믿으며, 셋째 자기가 하는 것에 많은 노력을 기울일 자세가 되어 있고, 넷째 자기가 학습한 것을 스스로 평가하는 자기 평가방식을 배워서, 그 평가를 바탕으로 노력하는 자세이다.

선생님의 학습지도에서 이 네 가지 조건을 구체화할 능력이 있다 해도 많은 학생들이 당장 질적학습을 한다고 기대해서는 안된다. 이런 수준의 학구적 수업은 생각조차 해 본 사람이 거의 없고, 대개는 난생 처음 질적학습을 하기 위해 전력을 기울이고자 하는 것이다. 선생님의 임무는 학생들이 질적학습의 즐거움을 경험할 때까지 노력을 계속하도록 독려하는 것이다.

이렇게 하는 데는 인내가 필요하다. 선생님이 잔소리나 협박하는 것으로 보이지 않는 것이 매우 중요하다. 질적 학습을 시작하기 전이라도 질에 대해 생각해 보도록 설득해 보아야 하고, 현재 자기

생활 가운데 있을지도 모르는 질을 얼마나 행복하게 느끼는지에 대해서도 생각해 보게 한다.

이렇게 하기 위해서 수업 중에 학생들의 관심을 끄는, 즉 질적인 소재가 자연스럽게 대화에 나올 때까지 잠시 기다리는 것이다. 예를 들면, 학생들 대부분이 관람을 했고 선생님도 학생도 모두 좋아하는 영화 얘기를 꺼내는 것이다. 이것을 도입 주제로 이용하여 질에 대한 토론으로 끌어들이도록 해보자.

학생들은 질이 무엇인지는 알고 있지만, 그것을 학교와 연관짓지 못한다는 사실을 기억하라. 만일 선생님이 수업 중에 이것에 대해 얘기하도록 유도할 수 있다면, 학생들은 학교와(그들에게는 선생님이 학교이다) 질 사이에 관계가 있다고 생각하기 시작할 것이다. 방금 시작되고 있는 '좋은 학교' 학생들에게 이것은 아주 필요하고도 새로운 개념이다.

이런 토론 후에 선생님이 몇 학년을 가르치든지 질의 한 본보기인 '보여주면서 설명하기'를 할 수도 있는데, 그것은 어느 학생이나 자기가 '질'이라고 생각하는 것을 가지고 와서 반 학우들에게 보여주거나 설명해 주는 것이다. 예를 들면, 음악 테잎 하나, 애완동물, 보석이나 예술작품 한 점, 수집품이나 골동품 또는 사진이나 시 한 수 등이다. 또한 학생들을 격려하여 친구나 선생님을 한 명 지명하게 하고, 이 사람들이 왜 자기에게 질을 의미하는지 이야기하도록 하는 것도 좋을 것이다.

어떤 반에서는 이런 발상이 실패로 끝날 수도 있다. 내가 제안하는대로 해보고 나서 평가하고, 배울 수 있는 것이 무엇인지 학생들에게 알아보라고 한다. 만일 선생님이 학생들로 하여금 질에 대해 생각하도록 설득할 수 있는 더 좋은 방법이 있다면 협회 회보에 실어서 함께 나눌 수 있도록 알려주시기 바란다.

선생님은 또한 선생님에 대한 학생들의 관심을 이용하여 자신이 이룬 질적인 작업들을 보여주면서, 그것을 할 때 얼마나 행복했는지도 이야기해 줄 수 있다. 그리고 나서, 소크라테스 문답법으로 학생들과 토론하고 선생님이 이러한 질적인 것을 하게 한 동기가 무엇인지 생각해 보도록 한다. 즉, "이런 일이 여러분에게도 질적일 수 있었을까요?" 라고 물어보는 것이다. 만일 학생들이 흥미있어 하면, 계속 밀고 나가 어떤 사람에게는 이것이 '질'이 되고 또 어떤 사람들에게는 '질'이 아닌 이유가 무엇인지에 대해서까지 토론해 보도록 한다.

학생들이 질의 개념을 파악하기 시작했다고 생각될 때, 적은 양의 질적학습을 해 보라고 한다. 그 학습의 평가는 선생님이 하는 것이 아니라 학생들이 하기를 원하는 것이라고 설명해 준다. "나는 여러분들이 학습한 것을 보여주고 왜 그것이 질적으로 우수하다고 생각하는지에 대해 설명해 주기를 바란다" 라고 말한다. 선생님은 급하지 않으니, 학생들에게 시간은 자유자재로 써도 된다고 말해준다. 선생님이나 학급 보조교사가 있다면 아무나 학생들을 도와줄 수 있다고 이야기해 준다. 짐작컨대, 학생들이 대개 제일 처음 성취하고자 하는 질적학습은 전에 써 본 어떤 작문보다도 훨씬 더 훌륭한 글을 쓰는 일일 것이다.

글쓰기는 시작하기에 좋은 과제이다. 나는 우수한 질적 작문 실력이 인생의 성공과 가장 밀접한 상관관계가 있는 두 학습능력(다른 하나는 질적 말하기이다) 중 하나라고 생각한다. 글쓰기는 매우 가시적이기 때문에, 이것부터 시작하는 것이 말하기보다 더 쉽다.

좋은 글을 쓴다는 것은 읽고 이해하고 생각하고 평가하고, 그리고 생각을 명료화하는 능력을 요하는 것이기 때문에 학생을 성공으로 이끄는 길이다. 이렇게 할 능력이 자신에게 있다고 믿을 때, 현 학교 체제에서는 극소수의 학생들만이 소유할 수 있는 실력과 지력에 대한 자신감을 경험할 것이다.

지난 6년간 나는 3백 명 이상이나 되는 교등학교 학생과 심도있게 이야기를 나누며 보냈는데, 앞의 내 의견은 이러한 경험에서 배운 것들이다.

만일 선생님의 학생들이 중·고등학교에서 처음으로 질적교육을 경험하는 것이라면, 많은 사람들은 작문 수업을 여러 해 동안 해왔기 때문에 그들이 글을 아주 잘 쓸 것이라고 예상할 것이다. 학생들이 질에 대해 토론하고 그동안 자신은 질적이라고 판단할 만한 글을 한 편도 써 본 일이 없다는 사실이 하나의 놀라움으로 다가올 수도 있다. 자신이 보기에 이전에 쓴 글보다 분명히 뛰어난 글을 쓰게 될 때, 학생들은 놀라움과 감탄을 경험할 것이며, 한편으로는 전에 학교에서 한번도 느껴보지 못했던 만족감을 경험할 것이다. 다섯 번째 질의 조건대로, 학생들은 다시 그런 체험을 하고 싶을 것이다. 선생님의 목표는 이 정도의 초기 질적학습이다. 일단 이 목표가 성취되면 질적 과정이 시작될 여지가 있는 것이다.

이렇게 되려면, 선생님은 학생들이 자신의 학습결과를 평가하도록 설득할 필요가 있다. 만일 '좋은 학교'의 경험이 처음이라면, 의도적으로 목적을 지니고 평가하라는 요청을 받는 것은 처음이기 쉽다. 그들은 선생님과 부모님들이 만족하는 점수를 딸 만큼 공부하는데 익숙해 있기 때문에, 더 이상 그것에 대해 생각할 필요가 없다. 자기평가만이 '네가 할 수 있는 한 빨리 하고, 원하는 점수를 따고, 그리고 앞서라'는 전통적 학습윤리를 학생들이 극복하는 유일한 길이다.

자신이 쓴 글을 평가하는 방법을 가르치는 데는 선생님이 약간 설명해 주고 나서, 훌륭한 어느 작가의 짧고 재미있는 문단 하나를 보여주는 것이 좋을 것으로 생각된다. 아니면 선생님이 직접 써 보이고 싶을지도 모르겠다. 그 문단에는 몇 개의 결함이 있는지 확인한다(유능한 작가라고 해서 완전한 문장력을 구사하는 것은 아니다). 학생들과 함께 그것을 읽고, 간단한 토론을 진행하면서 학생들이 결함을 찾아내도록 한다. 그리고 개선점에 대해 학생들이 제안하는 것을 칠판에 쓴다.

처음에는 너무 재촉하지 말고 학생 모두가 동의하는 몇 가지 개선점만을 확인한다. 만일 동의하지 않으면, 질을 추구하는데 있어서 하나의 길만 있는 것이 아니라는 점을 설명해 주도록 한다. 개선은 중요한 것이며 그 길은 여럿일 수 있다는 점이다.

다음날, 새 글을 한 문단 더 제시하고, 둘씩 짝을 짓게 한다. 두 명이 공동작업을 통해 결함을 찾고, 그 발견된 결함을 개선할 수 있는 방안을 협동으로 찾게 한다. 각 조마다 또는 몇 개 조에 각자 발견하여 개선한 것을 발표하도록 한다. 여기서의 목표는 자신의 학습을 위해 다른 사람이 한 것을 평가하고 개선할 수 있다는 사실을 가르치려는 것이다.

이 작업이 끝나면, 학생 각자가 한 단원씩 짧은 글을 쓰라고 할 수 있다. 학생들이 재미가 나서 계속 더 쓰고 싶어하면, 그렇게 하는 것도 좋을 것이다. 제시해줄 주제를 미리 준비해 놓는다. 학생 혼자의 힘으로 무엇인가 재미있는 주제를 발견할 수 있을 것 같은 요행은 바라지 않는 것이 좋다. 만일 학생들이 선생님이 제안하는 주제가 마음에 들지 않는다면, 다른 것을 써도 괜찮다고 한다. 이러한 접근은 학생들이 허둥대는 것을 미연에 방지할 뿐 아니라, 자유에 대한 학생들의 욕구를 존중하는 질적수업의 좋은 방법이 될 수 있다.

이것은 어려운 과제가 될테니, 첫 날은 학생들에게 너무 오래 학습하지 않게 하는 것이 좋다. 학생들이 더 하고 싶어할 때 중단하게 하고, 만약 다음 날까지 기다릴 수 없다면, 집에서 계속하면 된다고 이야기해 준다. 이것을 통해 학생들은 숙제가 절대로 강제가 아니라 스스로 정해서 하는 것이며, 자신의 시간을 사용해서 질적 학습을 할 기회가 된다는 것을 깨닫게 될 것이다. 철자법이나 문법도 무엇인가 재미있는 이야기를 하려는 시도만큼 중요한 것은 아니라고 일러준다.

만일 학생들이 집에서 공부하기를 원하면, 부모님들의 도움을 구해도 선생님은 반대하지 않는다고 한다. 그러나 그것이 왜 잘 된 문단이라고 생각하는지 선생님이나 보조교사에게 설명해 줄 것을 부탁하게 한다. 부모님의 도움을 받더라도, 그 도움으로 해서 문단이 나아진 이유를 이해할 필요가 있다는 사실을 분명하게 해준다. 문단들을 모아서 다시 읽어보는데, 이것은 채점을 하기 위해서가 아니라 학생들의 작문 수준을 알기 위해서이다.

다음날 학생들의 작문을 돌려주고, 두 명씩 짝을 짓게 한다. 각자 자기 짝의 글을 읽고 자기가 생각하는 개선방안이나, 글의 느낌을 이야기해 주도록 한다. 짝이 동의하는지도 물어본다. 두 사람이 공동작업을 통해 한 가지 이상의 개선방안들을 각자의 글에서 발견하여 구체적으로 통합해 가며 다시 쓰라고 한다. 그리고 학생들이 잘 따라오고 있는지 다시 읽어보라. 그 정도면 충분할지 모르지만, 만일 수정작업을 더 하고 싶다면 그렇게 하도록 허락한다.

이 글들은 채점을 해서는 안된다. 채점하면 학생들은 스스로 자신의 질을 평가하는 대신 선생님의 채점에 맞게 학습하기 때문에 과정 자체를 빗나가게 하는 경향이 있다. 선생님이 학생들에게 원하는 것은 향상뿐이며, 그 평가자는 선생님이 아닌 학생 자신이라는 사실이 중요하다는 것을 말해준다.

사실 위에서 말한 안은 선뜻 권하기가 망설여진다. 내가 설명하고자 하는 것은 이 과정의 시작에 대한 방법이 매우 중요하다는 사실이다. 질은 그냥 생기는 것이 아니다. 기초가 없는 학생이 학습을 시작하는 것은 멀고도 힘든 과정이라는 점을 이해하는 한 민주적 관리자에 의해 조심스럽게 배양되어야 한다. 내가 제안한 것보다 무엇인가 나은 생각이 있을 수 있겠지만, 이제까지 말한 윤곽은 다음 단계들을 포함하는 하나의 틀을 제공하는 것이라고 생각된다.

1. 질에 대한 충분한 토론을 통해 학생들로 하여금 질이 무엇인지 이해하도록 한다.
2. 학생 자신도 유익하다고 생각하여 함께 노력할 수 있는 과제를 찾아낸다(한 문단 작성 같은 것으로 시작하면 좋을 것이다).
3. 스스로 열심히 학습하라고 권하고, 자신이 질적과제로 믿는 것을 하도록 한다.
4. 질적과제는 어느 것도 점수를 매기지 마라. 좋은 점수를 받으면, 그 점수면 됐다고 만족해함으로써 중단할 것이고, 나쁘면 학생이 용기를 잃어서 중단할 것이다.
5. 자기가 쓴 글을 첨삭하여 수정하라고 하고, 그렇게 하는 것을

도와주도록 한다. 그리고 수정한 이유를 다른 학생이나, 선생님, 또는 조교에게 설명하도록 한다.

6. 초기에는 교정하는 것만 바로잡아주고, 질에 대한 압박감은 주지 않도록 한다. 일단 자기가 하는 것을 향상시키는 것이 가치 있다는 사실을 알게 되면 질이 드러날 것이다.

이러한 질적 과정을 글쓰기 과목에서 과학분야로 이행하기 위해, 예컨대 날씨 같은 단원을 이용하여 '허리케인'에 초점을 맞출 수도 있다. 선생님이 그 단원을 어떻게 가르치든지 위에서 말한 과정에 따라 첫 단계인 질에 대한 토론으로 시작한다. 그리고 나서 날씨 토론에 시간을 할애하고, 날씨를 아는 것의 효용성을 학생들이 납득하도록 한다. 여기에는 다양한 방법들이 있을 수 있다.

예를 들어, 뉴스에서 지방 기상보도를 보고 4명씩 1조를 이루어 비디오 기상보고를 하도록 한다. 우선 학생들로 하여금 해학적이며 창의적인 사람이 되도록 격려하기 위해 기상보고만이 아니라 설명도 하도록 한다. 계획의 대부분은 학교 내에서 하지만, 촬영은 각자 집에서도 할 수 있다. 비디오 카메라가 주위에 많이 있을 것이기 때문이다. 기상대에 근무하는 사람을 초대해서 자료 제공을 부탁해 볼 수도 있다.

질은 거의 다 협동을 통해서 성취되는 것이므로 선생님은 학생들이 서로 돕는 가운데, 선생님 또는 다른 어떤 분의 도움이라도

구하도록 계속 장려해 주는 것이 좋을 것이다. 질이 '당신 혼자 하
는 과정'일 경우는 매우 드물다. 따라서 도움을 청하는 것이 부끄
러운 일은 아니다. 학생마다 각자 자기가 하는 것을 향상시키기 위
해 학습하는 것이므로 경쟁이라고 하면 오직 자신과의 경쟁만 있
을 뿐이다.

　약간의 풍자 섞인 말이지만, 데밍은 다음과 같이 말했다. "경쟁
이 문제를 해결하고, 우리에게나 누구에게도 경쟁이 최고라고 배워
왔다. 우리는 살아가는 방법이 경쟁이고, 경쟁만이 우리가 가야 할
길이라고 생각하는 경제학자들에게 배반 당해 왔다. 그런데 사실은
그게 아니다. 언제쯤이나 이 사실을 바로 알 것인가?"

8. 특별활동과 실기교육을 통한 자기개발

예능에 관심을 갖는 학교는
모든 학생들을 참여시키기 위해
훨씬 더 많은 노력을 기울인다.

  '시키는 공부나 해라. 그렇지 않으면 처벌할 것이다' 라는 식의
전통적인 제도에 변화를 시도하는 사람이라면 누구나 기초수학 능
력을 너무 가볍게 다룬다고 비난받은 경험이 있을 것이다.

  이 책에서 나는 기초수학 능력을 강조했다. 그 이유는 내가 기초
수학 능력을 믿기 때문이 아니다. 이런 비난이 '좋은 학교'를 겨냥
한 것이라면 타당하지 않다는 것을 분명히 하고 싶었기 때문이다.

  학교를 마치고도 절반이 넘는 학생들이 순수학문 분야에서 질적
학습을 거의 못하는데도 불구하고, 그러한 비판이 교육행정가들과
운영위원들을 놀라게 하고 있다. 이 점을 간과한 것에 대한 나의
잘못을 시인하면서 그러한 비판이 정당하지 않음을 진지하게 입증
해 보이고자 한다.

  이제는 '좋은 학교'가 되고자 시도하는 학교가 제법 많아졌다.
그리하여 데밍과 내게 매우 호의적인 사람들은 "좋은 학교에서 예
술과 직업교육 및 체육교육의 역할은 무엇이냐?" 라고 묻는다. 경
기에 직접 출전하는 체육교육에 대해서는 여기서 논의하지 않겠다.
그것은 일반적으로 전통적인 학교에서 시도해온 질이거나 질의 범
위 내에 해당되는 분야이기 때문이다.

  지시적인 관리보다 선도적인 관리방법으로 지도하는 코치가 보
다 많은 시합에서 승리한다는 사실은 고려해볼 만하지만, 학교에서
출전시키는 팀이 승리하거나 패배하는 것은 몇몇 학생을 제외하고
는 대다수 학생들의 인생에 영향을 주지 않을 것이다. 이 장에서는

미술, 음악, 연극과 직업기술에 대해 설명하기로 한다. 이 교육은 우리 생활의 아주 많은 부분을 차지하기 때문에 '좋은 학교' 교육의 상당 부분을 차지하는 것은 당연하다.

학생들은 전통 학교에서 이러한 실기 교육을 접할 기회가 있고, 관심이 있는 학생들은 상당한 정도까지 추구할 수 있다. 이 교육은 전통학교에서 학생들이 수행해 온 학습 중에서 가장 질이 높은 것들이다. 1992년 여름 싼타모니카의 한 지방고등학교 오케스트라가 오스트리아 빈에서 열린 대회에서 세계 제일의 고교 오케스트라로 뽑힌 것을 목격했는데, 매우 만족스러웠다. 이것은 해당 학생들에게는 결코 잊을 수 없는 질적 교육을 체험했음을 아무도 부인하지 않을 것이다.

미술과 음악, 연극을 진지하게 추구하는 것이 질의 추구라는 사실을 의심하는 사람은 없지만, 전통적인 학교에서는 학생들이 이것들을 추구하도록 진지하게 상담해 주는 경우가 아주 드물다. 반면에 많은 학생들에게 수학과 역사같은 인문계 과목을 수강하도록 상담·지도하고, 심지어 강요하기도 한다. 진급할 만한 점수를 획득하는 이상으로 진지하게 공부하는 소수 학생을 제외하면 없거나, 있다 해도 질적학습을 하는 학생은 아주 드물다. 사람들은 대체로 수학과 역사를 잘못 배우더라도 예능과목보다 더 중요시한다. 이것은 불행한 일이다. 왜냐하면, 이 사회의 현실은 예능계 직업이 굉장히 많기 때문이다. 연예 사업이 우리 나라의 가장 큰 수출 부문인데도 학교에서 이런 과목들을 격하시키고 있다.

'좋은 학교'의 다른 점은 인문과목들이 예능과목보다 '더 중요하다' 또는 '덜 중요하다' 하는 것이 아니다. 학생들이 인문과목이든 예능과목이든, 아니면 이 두 과목을 모두 하든, 질을 강조하는 것이다. 학생들이 학교에서 배워야 할 것은 학습하기로 선택한 것이 무엇이든 각자의 체험을 바탕으로 질적학습을 할 수 있다는 자신감이다. 이것이야말로 종래의 학교에서 부족했던 점들이다. 예능을 통해 질로 쉽게 인도될 수 있는 학생들에게 그럴만한 기회가 주어지지 않았기 때문이다.

앞서 말한 산타모니카 오케스트라 단원 중 많은 청년들이 그러한 질적 악단의 단원이기 때문에 일반 공부도 더 잘 할 것이라는 확신이 든다. 재정 부족으로 인해 1993년부터 캘리포니아에 있는 많은 학교들이 그랬던 것처럼 경비 절약을 위해 음악 과목을 없애는 것은 일반 학과공부를 잘 하고 있는, 얼마 되지 않는 학생들을 감소시킬 것이다.

예술, 특히 음악과 연극이 좋은 점은 사람들을 자연스럽게 협동체제로 이끈다는 것이다. 데밍의 말을 인용해 보자.

"훌륭한 오케스트라는 훌륭한 제도입니다. 이것을 훌륭하게 만드는 것은 무엇입니까? 훌륭한 연주자들일까요? 물론입니다. 국내 최고요? 좋은 연주자만 있어야 하는 것은 아닙니다. 관리가 되는 것입니다. 연주자 각각은 다른 1백39명의 연주자들을 지원하기 위해서 있는 것입니다. 오케스트라가 훌륭한 것은 그 협조체제 때문입니다."

인문계 학과와 예능계 학과의 양쪽에서 협조체제를 구축하는 것은 선생님들이 민주적 관리자로서 할 일이다. 그러나 '좋은 학교'에서 인문과목 학습을 질적으로 하기 위해서는 학생들이 공동작업하는 것을 배워야 한다. 많은 학생들에게 이것을 가르치는 가장 쉬운 방법은 예능과목을 이용하는 것이다. 물론 미술 자체(그림, 칠, 삽화)도 협동적으로 가르칠 수 있다.

나는 모두가 원하는 결과를 얻기 위해 선생님이 학생들을 벽화 그리기에 참여시켜 함께 작업하는 수업에 자주 갔었다. 합창, 협주음악, 의상, 무대배경, 음악, 조명, 목공일, 연기, 독서(대본을 선정하기 위한), 또는 창작극 쓰기, 등 감독(좋은 관리자)에 의해 통합 조종되는 모든 것들이 교육적 측면을 수반할 수 있다.

학교 연극은 일반적으로 눈에 띠게 훌륭하다. 공연의 모든 부분에서 질이 현저하게 나타난다. 그러므로 연극은 '좋은 학교'에서 흔히 있는 행사이다. 연극을 이용하여 많은 학생들이 많은 것을 배울 수 있기 때문이다.

예능에 관심을 갖는 '좋은 학교'와 전통적인 학교와의 차이점은 '좋은 학교'가 모든 학생들을 참여시키기 위해 훨씬 더 많은 노력을 기울인다는 점이다. 음악, 미술, 연극과 응용미술까지도 소홀히 하거나 격하해서는 안될 것이다. 예능을 가르칠 만한 교직원이 없을 때에는 그 지역사회에서 구해보는 것이 좋다(여기에 관해서는 지역사회의 '좋은 학교' 참여에서 좀더 논의한다). 예능교육을 할 능력이 있는 모든 선생님들에게는 협조해줄 것을 부탁한다. 학교 재정이 넉넉해서 음악교사와 같은 특정과목의 교사를 임용할 수 있으면 좋겠지만, 그렇지 못하다면 교직원들의 재능을 타진해 보는 것이 좋을 것이다. 대개의 교직원들은 겉으로 드러나는 것보다 더 많은 능력이 있다. 이런 능력들이 알려지는 대로, 만일 선생님들이 기꺼이 응하신다면, 많은 반에서 활용할 수 있을 것이다.

예능과목과 일반 학과의 공부를 연결하여 조화시키는 일은 연극뿐만 아니라, 수학과 같이 음악과 시적 운율이 활용될 수 있는 과목에서도 시도해 볼 수 있을 것이다.

세계역사는 위대한 미술작품에 반영되어 있기 때문에 미술은 역사와 함께 가르칠 수 있다. 과학과 인류학에서는 프랑스의 동굴 그림이 소개될 수 있다. 그리고 이러한 연관성은 내가 알 수 있는 것들보다 훨씬 더 많을 것이다. 연관성이 많으면 많을수록 학생들도 예능에서 필수적이고도 분명한 질이 학과에서도 반드시 필요한 부분이라는 사실을 알게 될 것이다.

직업기술

학생들에게 전통적인 학교에서 이수해야 했던 인문과목을 질문했을 때 대다수의 학생들은 실생활에서 사용될 때가 거의 없다고

말한다. 이런 과목을 유용하게 보는 소수의 학생들까지도 그 과목
이 직접적 효용가치가 있다고는 하지 않을 것이다. 졸업 후 고등학
교 역사, 대수, 문학, 또는 자연과목의 활용 방법을 알 수 있다고 인
정하는 학생들을 아직 본 일이 없다. 이 과목들은 학생들의 실제
사회생활에 큰 부분을 차지하는 대학 진학이나 취업 자격증이 되
기는 한다. 이것은 하나도 이상할 것이 없다. 전통적인 학교체제가
1백년 간 교육해온 방법이며, 이 방법이 쉽게 변하지 않는 전통적
학교의 정상적 기능으로 수용된 것이다.

 '좋은 학교'의 교육은 실용성과 질을 강조하므로 더 많은 학생들
에게 대학 진학과 취업에 적절한 자격조건으로 보일 것이다. 불행
하게도, 학생들은 지금 당장 현실적으로 적절한 것으로 보기보다
는, 보다 나은 미래를 위한 자격증으로 볼 수 있다는 것이다. 더 많
은 학생들에게 학교가 바로 지금 자신들에게 아주 적절하다는 사
실을 설득하고자 한다면, 실용적 학과들을 가르치는 데서 한걸음
더 나아갈 필요가 있다. '좋은 학교'에서는 뭔가 다르고도 훨씬 더
나은 것을 하고 있다는 사실을 학생들에게 환기시켜주기 위해서는
극적인 것을 필요로 하기 때문에 제안을 한 가지 하겠다. 이 제안
이 조만간 고등학교 교과과정의 일부로서 받아들여지고, 더 나아가
비록 축소된 형태로나마 초·중학교 교과과정의 일부가 되기를 바
란다. 그러나 여기서는 고등학교에 한정시키려고 한다. 고등학교가
자연스럽게 시작할 수 있는 곳이기 때문이다.

　나와 친구의 자녀들은 모두 25세에서 45세 사이이며, 사회적으로 성공한 사람들인데, 주거생활에서 일상적으로 일어나는 많은 실제적 문제들을 다룰 줄 아는 젊은이는 거의 없다. 이것을 가르쳐 줄 수 있는 부모들이 있으므로 그나마 다행이지만, 배관을 다루는 것은 고사하고 평생 이해조차 못하는 경우가 대부분이다(나의 경우 아버지와 아버지 친구분들이 유익한 것을 많이 가르쳐 주어 생활이 수월했다). 이러한 기술과 정보들은 누구나 배우고 싶어하면 가르쳐야 된다고 믿는다.

　해마다 또는 1년이 모자라면 한 해 걸러서라도 '좋은 학교'마다 헌 집이나 노후한 아파트 건물을 구입할 것을 제안한다. 그리고 개축 방안을 학교의 기획 연구활동으로 삼아 참가 희망자가 나오는 대로 많은 학생들을 참여시킨다. 그리고 나서 1~2년에 개축이 끝나면 그 건물을 팔아 생긴 이익으로 컴퓨터나 실험기구, 그밖에 학생과 교직원들이 필요하다고 생각하는 시설물을 구입하는데 사용할 수 있다.

　이와 같은 사업자금은 지방은행에서 조달하면 좋은데, 위험부담이 없으므로 은행은 거절하지 않을 것이다. 그 돈은 학생들이 들인 노력에 의해 아마 배가 될 것이다. 보험 문제가 있겠지만, 지역사회가 일치하여 이 교육사업을 뒷받침해 준다면 해결되지 않을 일이 없을 것이다.

　자문역할을 해줄 교사가 필요할 텐데, 어느 지역사회나 아이들을 좋아하는 은퇴한 기술 청부업자는 있게 마련이다. 일단 말이 나오면, 자격있는 지원자들이 홍수처럼 학교로 몰려올 것이다. 아마 지방 무역조합이 기꺼이 자문과 훈련을 담당해 줄지도 모른다. 이런 종류의 사업이야말로 언론의 보도자료가 되므로 소문은 곧 퍼져나갈 것이다. 학생들은 이 작업 외에도 사업을 기획하는 첫단계부터 끝까지 연구를 하게 되므로 다양한 실용분야에서 심도있는 경험을 얻게 될 것이다.

예를 들면, 하계 여름학교 연구과제로 학생집단 하나는 그 집을 측정하여 은행에 자금을 구하러 가는 것이다. 가을에는 좀더 많은 학생들로 구성된 집단에서 디자인과 설계, 그리고 개축 인허가의 책임을 맡는다. 다른 집단의 학생들은 연장과 물품을 구입하고, 필요한 공사를 어떤 방법으로 할 것인지 알아보고, 실내장식, 조명 등을 디자인하고, 그 집이 팔릴 때까지 차례로 주말마다 지키는 것이다. 학생들이 고등학교 4년을 다닌다면, 이런 여러가지 일들을 순번으로 돌아가며 하는 동안 전통적인 학교에서 학과 공부만으로 배운 것보다 더 많은 것들을 실제 사회에 대해 알고 졸업할 것이다.

기술 청부업자와 선생님, 그리고 협조자들에게는 집이 팔리면 그 이익금으로 대가를 지불하면 된다. 일을 맡을 때 수익금 중 일정 한도 내의 비율만으로 만족한다는데 합의하면 된다. 그렇게 되면 학교가 손해를 볼 가능성은 전혀 없다. 이것은 또한 일을 잘 하게 하는 자극제가 될 것이다. 이 이상의 세부 사항은 필요없다고 본다.

이 사업은 만일 권한만 인정해 주면, 해결하지 못할 게 하나도 없을 것이다.

이 사업은 파급효과가 클 뿐더러 매우 긍정적이다. 예를 들면, 학생 자원봉사자들은 주말에 일할 수 있는데, 이런 일은 학생들이 아직 갖지 못한 가치있는 일거리를 제공할 것이다. 함께 일하는 것은 서로 알고 좋아지는 가장 좋은 길이며, 이것이 현재 여러 학교에 존재하지 않는 놀라운 인종 화합의 길이다. 학생들은 돈의 지출 내역에 따라 회계장부를 정리하게 될 것이다. 모든 학생들이 이 사업에 참여함으로써 명료하지 않은 경제학의 실용적 기초를 배울 수 있을 것이다.

이러한 사업은 학교를 흥미있는 곳으로 만들 것이며, 재미있고 가치있는 일을 통해 가능한 최선의 방법으로 학생회를 단결시킬 것이다. 무엇보다도 학교가 학생들에게 실제 사회생활을 위한 준비교육을 하지 못한다는 계속되는 비판에 대한 해답이 될 것이다. 이것은 또한 학생들이 암기해서 많이 활용하기 위해 현재 배우고 있는 것보다 훨씬 더 기억에 남아 평생동안 잘 활용할 수 있다. 이 사업을 통해 지역주민들은 자신들이 재정 지원하는 '좋은 학교'가 학생들을 질적학습에 참여시킬 수 있다는 사실을 가시적으로 볼 수 있게 되는데, 그 이유는 이 사업의 성공에 필요한 것이 무엇보다도 질이기 때문이다.

여기에 하나의 선례가 있다. 알래스카 싯타에 있는 에쥐콤 고등학교는 데밍의 가르침을 최초로 받아들인 학교 중 하나인데, 학생들이 훈제연어 사업을 운영하고 성공적으로 훈제연어를 팔아 학교를 지원했다. 연어를 훈제하는 것이 알래스카에서 적당할지 모르겠지만, 실업자들이 많은 곳에서, 고등학교가 이런 정규 사업에 참여하도록 제안하는 것은 망설여지는 게 사실이다. 그러나 1년이나 2년에 집 한 채 개축하는 것은 어떤 지역사회나 다양한 경제적 이익만을 가져다줄 뿐이다.

9. 동시평가가 좋은 까닭

학생들이 독창력을 발휘하여
좋은 학습의 결과를 얻었다면
A학점을 줄 수 있다.
이런 최고점을 받는
또 하나의 방법은
보조교사의 역할이다.

우리가 전통적인 관례를 따르는 한, 학생들이 아무리 많이 배워도, 시험을 잘 보지 않으면 좋은 점수를 받지 못한다는 사실은 받아들인다. 반대로 학생이 시험만 잘 치르면, 아무리 아는 것이 없어도 점수가 잘 나온다. 우리는 마치 시험에 나오는 자료만 중요하다는듯이, 손을 들고, "이거 시험에 나와요?" 라고 묻는 학생들이 있다는 것도 잘 알고 있다. 많은 학생들에게는 배우는 것보다 시험을 잘 치는 것이 훨씬 더 중요하다.

또한 우리는 전혀 예상 외의 문제를 시험에 출제하는 교사들도 잘 알고 있다. 이런 문제들이 비록 우리가 공부한 것과 관계가 없을 때도 종종 있지만, 선생님들에게는 그런 문제를 낼 권한이 있다. 학생들은 이런 부당한 관행에서 자신들을 지킬 방도가 전혀 없기 때문에 용기를 잃는다. 다른 한편 시험에 무슨 문제가 나올지 쉽게 예상할 수 있었기 때문에 이것들만 애써 공부하면 되는 선생님들한테서 배운 적도 있었을 것이다.

마지막으로 우리는 많은 학생들이 몰래 보고 쓴다는 것도 잘 알고 있다. 특히 '객관식' 시험에서는 학생들이 무엇을 알고 있는지 아무도 알 길이 없다. 우리에게는 새로운 평가제도가 필요한데, 그 이유는 현행 제도가 너무 시험점수에만 의존하기 때문이다. 시험점수가 여러분이 아는 것을 반영하지 않을 때가 많았다는 것을 알 것이다.

'좋은 학교'의 입장에서 바라보면 전통적인 평가방법은 심각할 정도로 폐해가 크다. 가장 큰 문제점은 이 평가가 학생들로 하여금 질적수업을 못하게 하는 것이다. 이 장에서 제시하고자 하는 동시평가는 이 심각한 결함을 수정할 가능성은 있지만, 쉽게 변화되지는 않을 것이다. 가르치고, 시험보고, 시험 점수에 따라 학생들을 평가하는 식의 오랜 교육 전통을 버리는 데에는 용기가 필요하다.

만일 선생님이 용기가 있다면 동시평가를 함으로써 일을 줄일 수 있을 것이다. 시험지 작성이나 채점을 매길 필요가 없으면서도, 지금 사용하는 것보다 훨씬 더 정밀한 제도이다. 학생들이 질적학습을 시작함에 따라, 선생님은 학생들에게 등급을 매길 하등의 이유가 없어지는데, 이런 일은 만일 선생님이 헌신적 교사라면 아무래도 고통스러운 과정이게 마련이다. 데밍의 말대로, 아이나 어른이나 자신의 학업 성취에 대해 채점과 우등상, 또는 근무능력별 등급을 끊임없이 염려해야 한다면 배우는 것을 즐길 사람은 아무도 없을 것이다. 채점과 등급제를 버림으로써 우리의 교육제도는 끝없이 향상될 것이다.

선생님이 동시평가로 나가는데 있어서 가장 어려운 것은 공식적 시험, 특별히 전통 교육에서 주력했던 객관식 시험을 포기하는 것이다. 만일 우리가 질을 원한다면, 이 동시평가가 꼭 필요한데, 그 이유는 시험과 검사 과정에 마음이 움직여 열심히 공부하게 되는 학생은 극소수이기 때문이다. 우수한 학생들까지도 시험에서 원하는 점수를 따는데 필요하다고 생각하는 만큼만 공부하는 경향이 있다. 그러나 대다수 학생들은 우수한 학생들이 아니다. 시험을 잘 못 보면 용기를 잃게 되고, 중학생이 되면 무사히 고비를 넘길 뿐, 더 이상의 노력은 하지 않는다.

학업성취도가 낮은 학생들 때문에 좌절한 전통적인 교사들은 하나같이 최후 수단으로 강제력에 의존한다. 즉, 낮은 점수와 낙제로 위협한다. 그러나 기록이 증명하듯이 이것은 효과가 별로 없다. 위협하고 처벌하는데도 불구하고 공립학교에 다니는 반수 이상의 학생들은 학습이 아주 부진하다. 학생들은 학교에서 많은 노력을 할 가치가 없다고 생각한다. 이런 학생들을 설득해서 실력을 향상시키도록 하고, '좋은 학교' 수업에 대해 생각이라도 해보게 하는 것은 현재 우리가 있는 곳에서 앞으로 크게 한 걸음을 내딛는 것이다. 동시평가야말로 이러한 발걸음을 옮기는데 꼭 필요하다.

대개의 정치인들과 교육 지도자들은 불만에 찬 시민들을 염두에 두고 잘못된 것이 무엇인가를 규명하기 위해 대규모의 시험평가가 더 필요할 뿐만 아니라, 여기에서 얻는 정보를 토대로 가르치는 방법을 개선할 수 있을 것으로 확신하고 있다. 그들은 우리가 이미 알고 있는 것을 알아내기 위해 수백만 달러를 쓸 준비가 되어 있다. 지적 능력을 갖추고 있는 수많은 학생들이 한 문단의 글을 읽고 핵심 내용을 찾아내고, 호소력 있는 편지를 쓰고, 사고력을 필요로 하는 수학문제를 풀만큼 학교에서 충분히 배우지 못했다. 이것은 대학과 고용주들이 수년간 우리에게 해오는 이야기이다.

우리에게 부족한 것은 시험이나 그밖에 다른 출처에서 얻을 수 있는 더 많은 정보가 아니다. 그것은 가르치고 시험을 치고, 못하는 학생은 강제로 공부를 시키고, 아무리 최선을 다해도, 반 수가 넘는 학생들에게 효과가 없는 전통적인 교육제도를 버리겠다는 의지이다. 만일 '좋은 학교'의 수업을 원한다면, 절반이 훨씬 넘는 학생들이 이것을 못하고 있는 것이다. 그럼에도 불구하고, 극소수의 학생들만이 질적학습을 한다고 해서 이 소수의 학생만이 질적학습을 할 수 있다고 믿는 잘못을 범해서는 안될 것이다.

학생은 누구나 질적학습을 할 능력이 있다. 그렇게 소수의 학생들만이 한다는 것은 긴 세월동안 우리가 가르치고 평가해온 제도가 질과 아무 관계가 없음을 의미한다. 1991년, 미시간주 알마에 있는 고등학교 학생들과의 대화를 들어보자. 그때 나는 늘 해오던 질문을 던졌다.

"여러분 학교에서는 많은 학생이 질적학습하려고 노력합니까?"

질문하기에 앞서 질에 대한 토론을 했기 때문에 학생들은 내가 이야기하는 '질'의 의미를 잘 이해하고 있었다. 고등학교 졸업반인 한 학생의 발언은 매우 인상적이었다.

"저는 거의 A학점이었고, 우리 선생님들이랑, 부모님, 대학 진학지도 선생님 등 누구나 아주 만족해 하셨습니다. 하지만 어떤 수업에서도 내가 할 수 있는 최선을 다해 본 적은 한 번도 없습니다."

이 학생은 비록 열심히 공부해서 시험에서 좋은 점수를 받기는 했지만, 그것이 '질'이 아니라는 것을 토론을 통해 알아 낼 수 있었다. 모든 학생들이 질적학습을 하도록 설득한다면, 우리는 그들이 학습하는 동안 학습성과를 평가하는 과정에 함께 참여할 수 있게 하지 않으면 안되는데, 그것이 바로 동시평가이다.

선생님은 학습성과를 평가하는데 있어서 학생을 참여시켜 본 적이 한번도 없었던 것 같다. 이 학생은 12년을 학교에 다녔는데도 자기가 할 수 있는 만큼 최선을 다 해 보지 못한 것이다. 만일 내가 '질'이라는 주제를 제기하지 않았더라면, 이 학생이 이처럼 솔직하게 자기평가를 하여 발표하는 일은 없었을 것이다. 이 학생도 시험 (보통 객관식)을 보고 보통 하던대로 평가를 받는 대다수 우수한 학생들 중 한 명에 불과하며, 우리 사회가 경제적 경쟁력을 갖추고자 한다면 우리가 필요로 하는 것은 질인데도, 질을 추구하도록 격려와 지도를 받아본 일은 아주 드물었다는 것이다.

동시 평가

동시평가를 설명하기 위해, 현재 뛰어난 학생이 거의 없는 수학 과목을 예로 들어보자. 늘 해오던 방식대로 가르쳐도, 대개의 학생들이 열심히 공부하지 않는 것은 아무도 수학 능력을 실제로 활용할 수 있다는 사실을 학생들에게 납득시켜 주지 않았기 때문이다. 만일 학생 혼자의 힘으로 이것을 알아낼 수 있다고 생각한다면 그것은 잘못이다. 학생들은 수업과 숙제가 지루하고 시험은 어렵다고 불평한다. 그리고 많은 졸업반 학생들에게는 수학도 그렇지만 대수 실력은 더욱 약하다는 아주 명백한 증거가 있다.

어느 학년이나 예를 들 수 있겠지만, 새로운 질적 교등학교에서 처음으로 공부하는 수학 수업을 예로 들면, 내가 설명하고자 하는 것을 가장 잘 이해할 수 있다. 이 학교에서는 수학이 전 학년 학생에게 필수과목이지만, 대수와 같은 어느 한 부분을 지정해서 가르치는 수학 과정을 의미하는 것은 아니다. 학생들이 종래의 전통 학교에서 왔고, 교사도 시중에 나와 있는 일반수학 교과서와 고1 대수 교과서에 만족한다고 가정한다면, 그 책을 시작하기 전에 모든 학생들에게 그 책의 어느 부분까지 자신들이 능숙하게 풀 수 있다고 생각하는지 보라고 할 것이다.

학생들은 자기가 풀지 못하는 문제 유형이 나오면 거기에 표를 하고 중단할 것이다. 만일 일반수학에 나오는 모든 문제를 풀 수 있는 자신이 서면 대수 책으로 넘어가, 풀지 못하는 문제가 나올 때까지 해본다. 선생님은 반을 돌아보면서 이런 초기 과제를 도와주도록 한다.

첫번째 일주일이 끝날 때까지는, 학생마다 일반수학이나 대수 책에서 자기가 능숙하게 풀수 있다고 느끼는 범위가 어디까지인지 알 수 있게 될 것이다. 소수의 학생들은 시작 부분인 덧셈, 뺄셈에서 중단할 것이고, 많은 학생들은 간단한 산수와 대수 중간 정도를 할 것이며, 소수의 학생들이 대수 책에 들어갔을 것이다. 이러한 진행과정에서 학생들은 막히기 전까지는 모든 문제들을 잘 풀어나갈 것으로 가정할 수 있지만, 이것은 쉽게 점검할 수 있고 또 그렇게 해야 한다. 학생 스스로 능숙한 부분을 정확하게 찾아내는데는 시간이 걸리겠지만 손해는 없다. 몇 주일이 걸리더라도 시간 낭비가 아니다.

일단 모든 학생들의 진도가 정해지면, 반을 4~6명 정도의 집단으로 나눈다. 각 집단마다 '상' '중' '하'의 학생들이 섞이도록 신경을 써야 한다고 생각하지만 어떤 선생님들은 별도의 집단 구성할 수도 있다. 어느 쪽이나 괜찮지만 학생들이 서로 도움을 청할 것이므로 '보다 잘 하는 학생'과 '보다 못하는 학생'들로 하나의 집단이 되도록 하는 것이 타당하다. 그리고 나서 시험은 거의 안 보며, 꼭 해야 하는 숙제도 없을 것이라고 학생들한테 이야기해 준다.

학업 진도가 어느 정도 나가는가 하는 것은 학급에서 각자 하기에 달렸다. 따라서 각자 노력하여 공부하면서 진도를 나가도록 한다. 그러나 "만일 막히면 그 집단에서 자기보다 앞선 다른 학생에게 도움을 청하라" 라고 학생들에게 말해준다. 각자 진도대로 나갈 수 있으며 만일 더 빨리 나가고 싶으면 집에서도 할 수 있다. 그러나 45분에서 50분 걸리는 수학 시간만큼은 반드시 열심히 해야 한다. 이러한 수업과정을 시험해본 결과, 거의 모든 학생들이 내가 이야기한대로 대해 주었을 때 자발적으로 열심히 공부할 자세가 되고 상당한 진전을 보인다는 것을 알 수 있었다.

보여주고 설명하면서 실력 배양하기

학생들은 잘 안 떨어지는 숫자로 된 문제들을 충분히 풀어봄으로써 복잡한 나눗셈이나 소수 문제, 또는 응용 문제 등 한 단원을 완전히 풀 수 있다는 자신이 서면 선생님이나 조교 선생님을 부르도록 한다(다음 장에서 '좋은 학교'에서 극히 중요한 보조 교사들의 모집 방법에 대해 설명한다). 같은 문제를 푸는 조에서 짝수 문제 푸는 방법을 보여주고 나서, 만일 맞게 풀면 방금 왜 그렇게 했는지에 대해 설명해 달라고 요청한다.

학생들이 학습한 문제를 풀 수 있다는 자신이 서면 그 문제를 풀어 보이면서 설명하는 것은 평가이며, 이것은 늘 동시평가가 된다. 진도를 계속 나가려면 새 문제 유형에 접할 때마다 건너뛰지 않고 이렇게 할 수 있어야 한다. 현재는 많은 학생들이 수업에서 다룬 적이 있는 문제들 중 어떤 것은 모르는 채 그냥 시험장으로 간다. 만일 이런 문제가 시험에 안 나오면, 그 단원은 통과하고 이런 유형의 문제는 앞으로도 절대 풀 줄 모를 것이다. 자기가 모르는 문제가 출제 안된 시험을 통과한 학생들은 운이 좋다고 생각할 것이고, 또 많은 학생들이 운(運)이 좋기를 바라면서 시험보러 갈지도 모른다. 동시평가 방법을 사용하면 이런 일들은 일어날 수가 없다. 운은 학생들이 아는 것을 측정하는데 아무 영향을 주지 않는다.

교사들은 돌아가면서 학생들이 진도를 얼마나 나갔는가를 살펴보는 임무를 수행한다. 어떤 문제 유형 때문에 어려움을 겪고 있는

데도 같은 테이블의 학생들로부터 필요한 도움을 받지 못하고 있는지 돌아보고, 이런 학생들을 특별지도해 주면 학생들은 대개 선생님의 배려를 진심으로 고맙게 여기고 주의를 기울인다. 나머지 학생들은 각자 자기 공부에 열중하고, 필요없거나 아직 준비가 안 된 과는 관여하지 않아도 된다.

이 모든 것들은 학생 조교의 지도를 받을 수 있을 것이다. 그러므로 선생님들은 조교들이 도움을 필요로 할 때 응하면 좋을 것이다. 이 점이야말로 이 방법이 지닌 강점 중 하나이다. 학생들이 작은 집단의 한 구성원으로서 혹은 보조교사로서 서로 도울 때, 자기 혼자서 공부만 할 때보다 훨씬 더 많이 배운다.

대개의 교사들은 책에 나온 문제를 자신이 가지고 있는 자료로 보충하고, 이 문제들이 그 책에서 나온 문제인 것처럼 학생들에게 가르치고 싶어할 것이다. 학생들이 준비될 때까지는 선생님에게 그 문제를 풀어서 보여달라고 하는 일은 절대 없을 것이다. 만일 교사들이 시험을 본다면, 아직 일부 교사들이 그럴지 모르겠는데, 몇 개 맞았는지 채점하지 않는 것이 좋고, 모든 문제들을 맞게 풀 수 있을 때까지 계속 공부해서 선생님이나 보조교사에게 어떻게 풀었는지 그 방법을 설명할 수 있도록 한다.

어떤 학생들은 더 앞서 나가기 위해, 교과서에 없는 자료를 배우기 위해, 또는 대개의 경우 모자라는 부분을 보충하기 위해 혼자 숙제를 결정할 것이다. 너무 뒤떨어지는 것도 난처할 테니까, 선생님은 이런 학생들과 상담해서라도 집에서 조금 더 하도록 할 수 있다. 선생님과 학생들은 항상 좋은 관계이므로, 학생들은 선생님의 권고를 들으려 할 것이다.

관심이 많은 학생들에게는 특별히 시간을 할애해서 수학이론 같은 질적학습이 가능한 부분으로 나아가도록 격려해 줄 수 있다. 교사들은 지금보다 더 열심히 일하지 않아도, 하는 일이 모두 학생들에게 직접적으로 도움이 될 것이다. 학생들은 그저 앉아서 다른 학생들이 따라오기를 기다리거나, 점점 뒤쳐져서 겁먹기 시작하는 일은 없을 것이다. 앞서가는 사람도 뒤쳐지는 사람도 없다. 그러므로 모두 자기 자신의 진도에 맞추어 앞으로 나아가게 될 것이다.

동시평가를 하면 학생들은 자신감을 얻고 수학을 좋아하게 된다. 자기가 하는 데까지는 무슨 일이 일어나고 있는지 정말 잘 알고 있기 때문이다. '좋은 학교'에서 가능한 것과 같이 만일 수학을 이런 식으로 지도하고 11학년(고 2: 역자주)까지 필수과목으로 한다면, 현재보다 더 많은 학생들이 미적분같은 고등수학까지 배울 수 있으리라고 믿는다. 어디까지 배우건, 모든 학생들은 배운 것을 보여주면서 설명할 수 있을 것이다. 그러므로 학생들이 얼마나 알고 있는지 의구심을 가지는 사람은 아무도 없을 것이다.

채점

동시평가가 성적을 매기지 않아도 효과가 있는데도 불구하고 성적을 매기는 전통이 너무 깊이 자리잡고 있기 때문에 없애기 어려울 수도 있다. 예를 들어, 모든 학생들이 중·고등학교 교육이 끝날 때까지 그 학년에 맞는 실력을 갖춘다면(이런 종류의 학생이 수학 과목 선택을 중단하고 싶어할 때) 수학은 대수가 포함되지 않은 수준밖에 안될 것이므로 일반수학에 대한 점수로 B에 해당된다. 거의 모든 학생들이 11학년이 끝나기 전까지는 이 정도의 수학을 알게 될 것이라고 생각한다. 이 정도의 수학(사실은 산수)을 모르는 학생이라면 성적표에 수학 학점을 기록해서는 안되고, 그 공부를 할 때까지는 정상적으로 졸업시켜서는 안될 것이다.

만일 고등학교 학생들이 대수나 그 이상을 잘 알고 전 과정을 풀어보이면서 설명할 수 있을 정도라면 거기에 해당되는 A를 주어야 할 것이다. 많은 학생들이 대수 첫 부분은 훨씬 넘어갈 것이다. 이런 실력을 갖춘 학생들에게는 A 아래 점수가 없게 된다. 그러므로 그들의 성적표에는 수학 A학점 학생으로서 자기가 공부한 만큼 기록될 것이다. 예를 들면, 졸업 때까지 실력있는 부분이 대수뿐일지라도 대수를 아니까 대수는 A를 받게 된다.

만일 어느 교사가 어떤 이유로 해서 한 학생이 수학을 할 수 없다고 판단하면(또는 '좋은 학교'에서 하는 어느 과목이라도), 그 학생은 특별한 경우로 간주하고, 교사나 전문 교직원들이 가장 적절하다고 결정하는 학점을 줄 수 있다. 경우에 따라서는 그런 학생의 졸업장에 어떤 부족한 점이 있기는 해도 졸업하는 것이 옳은 것으로 사료

된다고 적어넣어 졸업하도록 하는 것이 현명할지도 모르겠다. 이런 소수 학생들의 경우는 가능한 조처를 지적하는 것 외에 내가 여기서 더 말할 것이 없다. 이 모든 것은 각 학교의 결정에 달려 있다.

　수학을 예로 들어 동시평가 설명을 시작한 이유는 이 과목이 논리적이고 진행과정 중심이기 때문이다. 12학년(고 3: 역자주) 수준에서는 수학 문제를 푸는 방법이 보통 한 가지뿐이고, 대개의 경우 맞는 답이 하나뿐이다. 학생들이 선생님(또는 보조교사)에게 그 문제를 어떻게 풀었는지 보여드리고 정확하게 설명한다면, 이것이 수학에서는 실력도 되고 질도 될 것이다. 대다수 학생들은 자기 실력 이상으로 수학을 더 공부할 이유가 없으므로 이 과목에서만은 실력과 질이 같으므로 당연히 A+를 받아야 한다.

　영어, 역사, 과학, 지리, 사회학, 보건학(수학이론으로 들어가기를 원하는 얼마 안되는 상위권 학생들에게는 수학도 마찬가지로) 같은 다른 일반과목들은 학생들에게 표준 수학이 제공하는 것보다 훨씬 더 많은 질적학습의 기회를 제공해 준다. 예를 들면, 기본수학 능력이 인정되는 글짓기나 보고서 작성과 질적 글짓기나 보고서 작성 사이에도 분명한 차이가 있다. 전통적인 학교에서 우수학급 학생(Advanced placed AP)들이 한 공부는 보통 표준학급 학생들이 한 공부보다 월등하다. 이러한 과목에서 만일 어느 학생이 보여주면서 설명할 자세가 되어 있거나 그렇게 할 수 있다면 그 학생은 적성에 대한 B를 받을 것이다.

질로 나아가는데 필수적인 자기평가

S = 자기평가(Self-evaluation)

I = 학습한 것을 향상(Improve)

R = 질적 성취를 위한 반복(Repeat)

자기평가는 질로 나아가는데 필수적이므로 모든 학생들에게 자신이 학습한 것을 어떻게 평가하며, 그 평가를 기초로 하여 학습한 것을 향상시킴으로써, 질적학습이 될 때까지 반복하는 것이다. 모두가 질적학습이 되리라고는 기대할 수 없지만, 현재 성취되고 있는 질적학습의 양이 얼마나 적은가를 고려하면, 지금부터라도 조금씩 시작하는 것이 훨씬 유익할 것이다.

예를 들어, 화학같은 기초과학 과목에 만족할 정도로 숙달되어 설명과 발표를 통해 이를 증명하면 적성점수인 B를 받는다. 이미 설명한 바와 같이, 이러한 과목은 구성이 다소 미비해도 학생들로 하여금 적성을 넘어 '질'을 추구할 기회를 제공할 것이다. 학생들은 학습한 것을 여러차례의 평가를 통해 향상시키고 이를 설명할 수 있을 때 질을 성취하게 될 것이다. 만일 이러한 향상을 통해 학생들이 성취할 수 있었던 것이 기본 수학능력보다 우수하다면 질의 주요 평가기준을 만족시키는 것이며, A를 받을 것이다.

새로운 현대식 평가 실시에 보조를 맞추어 학생들은 각자 성취한 학습진도표를 기록하도록 권장하는데, '좋은 학교'에서는 질적학습을 한 것만 진도표에 기록하도록 한다. 이것은 여러 번 자기평가와 반복적 개선을 통해 향상시킨 것들이다. 기본 수학능력이나 양호한 성적학습은 생략하고, 그 진도표에는 질적학습만 나타나게 되므로 그 내용은 대부분 적을 것이다. 학생들은 각 진도표마다 그러한 질적학습이 들어가게 된 이유를 설명하는 최종평가를 짧막하게 적어넣도록 한다. 이 자료는 학생들이 자신의 학업능력 수준을 끊임없이 일깨워주는 효과를 낼 것이다.

요약하면 동시평가를 하는 중요한 목적은 모든 과목에서 반드시 학습해야 할 모든 주제의 내용을 익히고, 그 다음에는 학교가 요구하는 수준을 넘어 질적학습으로 이행하도록 하자는 것이다. 이것은 학생의 학습이 질적인가에 관계없이 시험에서 좋은 점수를 받는 종래의 전통 학교와 현저한 대조를 이룬다. 앞서 언급했듯이 질적학습은 그 양이 적더라도 A를 받는 것이 마땅하지만, 학습한 것이 A를 받을 만한가는 교사와 학생의 상호 협조에 달려 있다. 만일 학생이 A를 원하는데 교사는 A를 인정할 수 없다고 생각한다면, 교사는 그 학생을 도와서 A를 받는데 필요한 것을 찾아 학습하도록 협조해 주면 된다.

학생들이 독창력을 발휘하여 보통 이상의 높은 질적학습 결과를 얻은 것에 대해서는 A를 줄 수도 있다. 최고점을 받는 또 하나의 방법은 보조교사 역할을 하는 것이다. 이러한 점수나 특별상은 대학이나 직장에 들어가는데 귀중한 평가자료가 될 것이다.

예능과 실기과목에는 동시평가가 더할 나위없이 적절하므로 이러한 방법은 이미 사용되고 있다. 또한 선택과목(체육 포함)도 현재 많은 학생들이 질적학습을 한다. 예를 들면 많은 고등학교에서 학생들은 자기가 할 수 있는 것을 선생님에게 보이고, 드문 일이긴 해도 왜 그런 방식으로 연주나 노래를 했는지 그 이유를 설명한다. 자신의 연주를 각자 책임있게 평가하면서 이런 향상 과정을 반복 연습하는 것은 모범적이고도 매우 효과적이다.

학교를 마치고 현실의 직장세계로 들어가면, 민주적 관리자는 근무자들이 하는 일을 보여주고 설명하고 평가하면서 계속 개선해 나가기를 기대한다. 데밍은 이 점을 여러 방법으로 강조했다. 그러므로 내가 여기서 제안하는 것은 살아가는데 아주 좋은 영향을 미치는 것들이다. 학교에서도 이와 같이 해야 할 것이다. 선생님이 활용할 수 있는 동시평가를 간략히 요약하면서 이 장을 마치니 참고하시기 바란다.

'SESIR'이란 새로운 동시평가 제도의 약어이다. 질적 학습을 성취하기 위해서는, 교사의 도움을 받거나 도움없이, 다음의 5가지 과정을 채택할 필요가 있다.

S : 우리가 하고 있는 것을 교사처럼 관심이 있는 사람에게 보인다. 그는 우리가 한 것을 쉽게 알 수 있도록 해주고 주의깊게 보여준다(Show).

E : 만일 분명하지 않거나 의문이 있으면, 우리가 보여주고 있는 것을 어떻게 완성했는지 설명해 준다(Explain).

S : 우리가 한 것을 평가하여(자기평가) 개선될 수 있는지를 살펴본다(Evaluation).

I : 대개의 경우 우리가 하고 있는 것을 향상시킬 수 있으므로 계속 작업하면서 개선토록 노력한다(Improve).

R : 더 이상 향상을 시도하여 노력할 가치가 없다고 판단될 때까지 평가와 개선 과정을 반복한다(Repeat).

유치원부터 12학년까지 이와 같은 5단계의 SESIR 과정이 '좋은 학교'에서 가르치고 평가하는 방법이 될 것이다. 학생들은 지금보다 훨씬 더 많이 배우고 질적학습을 시작할 것이다. 학생들은 엄격한 채점과 형식적인 시험의 속박에서 벗어나 자유로운 분위기 속에서 교육이 자신의 삶의 질을 증대시킬 수 있다는 사실을 더 잘 이해하고 감사할 수 있을 것이다. 또한 교사들은 현재보다 훨씬 더 즐거운 교직생활을 발견하게 될 것이다. SESIR을 적용하는 것은 학생이나 교사들 모두를 억지로 '더 잘하게 하기' 위해 집단시험을 보는데 지출하는 수백만 달러를 절약할 것이다.

10. 보조교사는 제2의 좋은 선생님이다

좋은 학교 학생들은
서로 경쟁하는 것이 아니므로
사소한 시샘을 할 필요가 없다.
서로에게 도움을 주고받는 것을
오히려 고맙게 받아들일 것이다.

　　이상적인 세계에서 당신이 몰랐던 것을 공부하고 싶다면 당신에게 개인적으로 많은 주의를 기울여줄 수 있는 전문가 선생님을 찾아보자. 한 반에 25명에서 40명 되는 학생을 지도하는 선생님을 선택하지는 마라. 전문교사는 주제를 알려주고 설명하고, 질문하면 답해 주고, 특정한 도움이 필요한 부분을 지적해 주고, 시종일관 따뜻하고 친절하게 당신을 대해 줄 것이다.

　　당신의 학습진도를 모두 알 수 있도록 당신이 배운 것을 선생님에게 보여주면서 설명해줄 것을 기대할 것이다. 수능에 대한 선생님과 자신의 평가에서 당신이 처음 시도한대로 배울 수 있었는지 판단할 수 있을 것이다. 당신은 또한 선생님 개인에 대해서도 알게 될 것이고, 또 그렇게 알게 된 것이 당신 마음에 들기를 바랄 것이다. 이런 식으로 가르쳐 줄 때, 여러분은 적당한 시간 내에 수학능력을 갖출 뿐만 아니라, 이런 지도를 받는 것이 아주 행복해서 질적 관점에서 생각하기 시작할 것이다.

　　우리는 이상적인 세계에 살지 못할 뿐 아니라, 대부분의 학생들은 질은 고사하고 적성을 갖추는 것조차 거리가 멀다. 그러나 최소한의 수학능력을 갖춘다면 거의 모든 사람이 만족할 것이라고 말해도 좋을 것이다. 중등교육까지는 수학능력 이상을 생각하는 교육자는 거의 없을 것이다. 질적학습이 수학능력을 훨씬 넘어 계속되는 것이므로 학생이나 교사들 모두 '좋은 학교'라는 것을 개념화하기 조차 어려워한다.

그러나 거의 모든 학생들이 수능을 갖추는 것 이상의 욕구가 없
다는 사실을 알더라도 '좋은 학교'의 교직원은 이러한 최소한의 목
표에 안주하지 않을 것이다. 시작부터 모든 학생들에게 어떻게 질
적학습을 하는가 가르쳐서 배우는 기쁨을 경험할 수 있도록 해 준
다. 이 기쁨이 바로 근면한 학습을 유발하는 주된 동기이며, 질을
높이는 유일한 동기이다. 만일 우리 학생들이 오늘날 고도의 질적
상품과 서비스 경쟁에서 지지 않으려면, 우리는 질을 추구하지 않
을 수 없다. 어제의 이상세계는 오늘의 현실세계가 된 것이다.

앞서 한 교사가 소집단을 지도하는 것이 이상적이라고 말하였는
데, 그러한 소집단과 거리가 멀 정도로 학생수가 많다면 우리는 높
은 질을 성취할 수 없다. 25명에서 40명씩 하는 전통적인 학교에서
는 힘들다. 동시평가를 하기에는 그 숫자가 너무 많고 개인적이지
못하다. 질적학습이 될 때까지 자기평가를 통해 향상하고, 이 과정
을 다시 반복하도록(SIR) 학생들을 설득하고자 한다면, 현재 하는
것보다 훨씬 더 개개인에게 주의를 기울여야 한다. 선생님이 숙련
된 보조교사들을 구해서 주의를 기울이도록 도와주지 않으면 대개
의 학생들은 질을 향해 나아가지 않을 것이다. 보조교사들이 충분
하지 않으면 학생들은 필요한 도움을 받기 위해 오랫동안 기다려
야 할 것이고, 그러다가 많은 학생들이 흥미를 잃고 지쳐서 결국
질적 향상을 중단하게 될 것이다.

학교가 유급교사와 보조교사들에게 줄 돈이 더 이상 없으므로

'좋은 학교' 교사들은 학교 운영체제에 비용 부담을 주지 않고 많은 추가인력을 조달할 계획을 수립해야 할 것이다. 얼마나 많은 도움이 필요할지는 전문교사인 여러분 각자의 판단에 달렸지만, 학생이 30명 되는 학급에서는 전임 보조교사가 적어도 3명은 있어야 한다. 글쓰기 같은 수업에서는 적어도 6명이 필요한데, 이것은 좀 많은 편에 속한다고 생각된다.

처음부터 모든 교사를 배치해야 한다는 뜻은 아니다. 처음에는 한 사람을 제안한다. 선생님과 학생들이 이 방법에 익숙해지면 서서히 추가해야 한다. 몇 분이 필요할지 결정하기는 어려운 일이 아니다. 앞서 설명한 대로, '좋은 학교'에서 선생님이 받아들이고 적용해 가야 할 것들이 많음을 깨달았을 것이다. 그러므로 이 새로운 과정의 시작은 서서히 그리고 조심스럽게 진행하라고 제안한다. '좋은 학교'로 나아가기 위해 강요된 시간표는 하나도 없다.

'좋은 학교'를 시작하고 유지해 나가는데 필요한 이 과정은 교직원회의에서 함께 해결해야 한다. 전통적인 학교에서는 혼자 일하는 경우가 많았겠지만, 이미 선생님은 혼자가 아니다. 선생님이 하는 것은 교사, 학생, 심지어 부모님들과 다른 모든 이들에게도 영향을 미친다. 선생님의 학급에서 질을 성취하면 할수록 다른 교사들의 학급에서도 질을 성취하기가 쉬워질 것이다. '좋은 학교'는 교직원들이 서로 수용하면서 얼마나 민주적으로 열심히 협동하느냐에 달려 있다. 교직원들 사이에는 위원회가 결성되는 것이 좋다. 이 중한 위원회가 필요한 보조교사를 모집하는 일을 하면 좋다.

많은 자원봉사자들을 어떻게 소집할까 걱정되겠지만 그렇게 어려운 것만도 아닐 것이다. 간단한 훈련을 받고 기꺼이 자원봉사를 하기 위하여 불러주기를 기다리고 있는 사람들이 많을 것이다. 이들 중 많은 분들은 이미 능력을 갖추고 있겠지만, 소정의 훈련과정을 마련하여 소임에 충분한 적성을 확실하게 갖추도록 하는 것이 좋다. 그들이 학습계획을 짠다거나 유능한 강사가 될 필요는 없다. 학생들이 공부한 것을 설명하면서 보여줄 때 들어주고, 개인적으로 또는 작은 집단을 이루어 더 공부할 수 있도록 도와줄 능력이 있어야 한다.

보조교사에게 필요한 자격은 과목에 따라 다르다. 예를 들면, 수학 보조교사가 영어보다 구하기가 쉬운데, 질적 수학학습은 실력만 있으면 되고, 영어는 그 이상을 요구하기 때문이다. 글쓰기 과정의 학생들을 돕는 보조교사가 제일 찾기 힘들겠지만, 신문 편집자에게 오는 편지들을 읽어 보면 자신들에게 청해주기를 기다리는 사람들이 많이 있는 게 분명하다. 첫 자원봉사자들의 도움을 학교가 진심으로 고마워하기 때문에 그들은 소문을 퍼뜨릴 것이다. 많은 분들이 어려움이 있는 이웃까지 기꺼이 차를 몰고 가리라고 확신한다. 교사마다 보조교사들의 능력을 점검할 책임이 있다. 처음에는 시간이 걸리겠지만, 일단 하고 나면 선생님이 시작하는데 드는 노고를 보상하고도 남을 것이다. 이상에서 지적하였듯이, 쉽게 찾아서 도움을 청할 수 있는 사람들은 다음과 같다.

　첫째, 여러분이 가르치는 학급이나 담임 반

　둘째, 여러분 학교나 가까운 다른 학교 학생들

　셋째, 교육에 관심이 있거나 단순히 도와주는데 관심이 있는 대
　　　학생들

　넷째, 도와줄 시간과 능력이 있고, 또 도와주고 싶어하는 성인 지
　　　역주민들

　이 네 그룹 중에서 교사들은 보통 자원 부모님들의 도움을 받아
성인그룹에 접근하여 학급에서 필요한 모든 도움을 구할 수 있을
것이다. 도움을 구할 수 있는 이 네 그룹을 살펴보면서 선생님이
필요한 협조자들을 소집하는 방법에 관해 몇 가지 제안을 하겠다.

가르치는 학급이나 담임반에서 찾는 학생 협조자

　학급이나 담임을 맡은 반은 협조자를 가장 쉽게 구할 수 있는 곳
이다. 30명 정도의 학생이라면, 영어를 제외하고, 특히 수학과 자연
에서는 재능이 있는 학생들이 있게 마련이다. 그 수는 많으면 10명
적으면 2명 정도인데, 4명이나 5명은 거의 배우는 즉시 그 이상을
터득할 수 있는 우수성을 인정받은 아이들이다. 그런 학생이라고
생각된다면 선생님을 도와서 보조교사 역할을 하고 싶은지 물어보
라. 한 번에 1명으로 시작하기를 원하면 개인적으로 만나보고 여러
명으로 시작하기를 원하면 소집단의 모임을 주선하면 된다.

그들이 할 일은 누구나 손을 들고 자기가 익힌 것을 설명하면서 보여줄 준비가 된 학생들을 점검하는 것이다. 예컨대, 9학년(중 3: 역자주) 수학에서는 해당 학년 수준의 문제를 풀줄 알게 되었다는 것을 확인하는 것이다. 만일 그 학생이 그 문제를 풀 수 있으면 보조교사는 다음 문제 유형으로 넘어가게 이야기해 주도록 한다. 만일 그렇게 할 수 없는 학생이 있으면 보조교사가 가르쳐주고 더 연습하라고 한 다음, 준비가 되었다고 생각되는대로 다시 해보자고 말한다. 첫 한 달 동안은 보조교사가 그 학생의 실력이 만족스러운지에 대해 선생님을 불러서 평가, 점검받는 것이 좋다. 자기가 보조교사 역할을 할 수 있다는 것이 확실해지면 잘 모를 때를 제외하고는 선생님에게 도와달라고 요청하지 않을 것이다.

학생 보조자들에게 자극제가 되는 것은 A학점을 보장받는다는 것과, 그 학년 내내 보조교사 역할을 만족스럽게 계속하고, 적어도 자신이 9학년 대수 공부를 완수할 실력까지 된다면 A+를 받을 자격이 있다는 사실이다. 보조교사가 되려는 학생은 부모님의 허락을 먼저 받아야 할 것이다. 부모님들은 모두 보조교사의 임무가 설명된 작은 책자(교직원들이 쓴)를 받아볼 것이다. 학년 말에 보조자들은 특별상을 받고, 졸업 때에는 졸업장과 성적증명서에 그들의 협조 정도를 기재해줄 것이다.

또한 선생님이 가르치는 다른 반에서도 학생들을 모집하여 어느 학급에서나 보조자 역할을 하도록 한다. 같은 학년이나 더 높은 학년에서도 올 수 있다. 그들의 보조 역할은 하루 한 때만 자기 수업을 포기하고, 한 학급에서만 하는데, 만일 많은 학생들을 구할 수 있으면 1주일에 한 번이나 두 번도 가능할 것이다. 그런 학생들이 이 '과외'의 수업에서 개인적으로 해야할 과제는 없고, 이 수업을 받을 때보다 더 많은 시간을 가르치는데 바칠 수 있을 것이다.

'좋은 학교' 학생들은 서로 경쟁하지 않으므로 사소한 시샘을 하지 않는다. 오히려 그 반대이다. 학생들은 항상 도움을 구할 수 있다는 것을 진심으로 고맙게 여길 것이다. 어느 학생이나 열심히 공부하여 프로그램을 신청할 수 있고, 능력이 있는 지원자는 누구에게나 기회가 주어지도록 하는 노력이 있어야겠다.

만일 자기 학년에서 도와줄 만한 능력이 없다면, 예컨대 9학년 학생이 9학년(중 3:역자주) 수학을 도와줄 만한 실력이 안 된다면, 그 학생은 10학년이나 11학년(고2: 역자주)에서 수학 실력을 기를 때 9학년 수학을 도와줄 수 있을 것이다. 그러나 어떤 과목이나 보조 역할을 하기 위해서는 그 보조자가 자기 담당 과목을 그 학년이나 그 이상의 학년에서 질적학습을 해본 경험이 있었다는 사실을 보여주어야 할 것이다. 이것은 학생들이 질적학습을 하도록 노력하게 하는 또 하나의 동기유발이 될 것이다.

다른 학급이나 학교에서 오는 학생 보조교사들

'좋은 학교'에서의 보조교사 운영제도는 잘 알려져 있을 것이므로 교사들은 학생들을 담당 학급 외의 다른 반에 보조교사로 임명할 수도 있다. 이 학생들은 학교에서 계속 유지하고 있는 예비보조교사회에 들어가고, 모든 교사들은 여기서 필요한대로 구할 수 있을 것이다. 이러한 보조교사 운영을 알고 있는 이웃 학교 교사들도 그 학교가 '좋은 학교'이든 아니든 '좋은 학교'에 관심을 가지고 가고 싶어하는 학생이 있으면 지명할 수 있을 것이다. 그들도 예비 보조교사회의 일원이 될 수 있으며, 이러한 예비 보조교사들을 위해 보조교사가 필요한 모든 과목의 훈련 과정이 마련될 수 있겠다. 다른 학교에서 학생을 모집하여 '좋은 학교'에서 보조교사 역할을 하게 하는 것은 홍보에도 좋고, 질적교육 이념을 널리 확산시키는데도 도움이 될 것이다.

대학생들

자원 보조교사들을 모집하기 위해 '좋은 학교' 교사들은 여러 대학 및 대학의 교육학과와 협력해야 할 것이다. 대학교는 이 과정을 선택과목으로 해서 자원하는 학생들에게 학점을 줄 수도 있을 것이다. 자원자를 가르치는 직업에 관심이 있는 학생들로만 국한할 필요는 없다. 다른 학생들도 관심이 있을 수 있으며, 특히 수학과 과학도들에게는 자신의 실력을 갈고 닦는데 보다 좋은 기회가 없다고 일러주는 것이 좋다. 일단 이런 종류의 자원봉사 일이 있다는 소문이 나게 되면 훈육 문제가 없는, '좋은 학교'는 인기를 끌게 되어 자원봉사자들이 모자라는 일은 없으리라고 확신한다.

성인 *자원봉사자*

어느 면에서는 성인 자원봉사자들이 가장 중요한 집단이며, 그 대부분은 은퇴한 사람들이다. 어디에서나 은퇴한 분들을 충분히 활용하는 데가 없고, 있다 해도 맡겨진 일은 그들의 지적능력 수준을 훨씬 밑돌기 일쑤이다. 청소나 서류 업무는 안하고 교실에서 가르치기만 하는 보조교사는 어느 누구의 밑에 있는 것도 아니므로 아주 매력적일 것이다. 연배 높은 많은 분들은, 은퇴 교사들까지도 더러 젊은 분들과 함께 일하는 것을 즐거워한다.

사람을 사귀는 데는, 동시평가의 경우처럼 성취한 이야기를 들어주는 것보다 더 좋은 방법은 없다. 모든 사람들은 젊었든 늙었든 다른 사람들과 가까운 사이가 되기를 갈망한다. '잘 할 수밖에 없는' 분위기의 '좋은 학교'에서는 가르치는 분들이 모두 자신을 숨김없이 이야기하며, 교사와 학생들이 모두 자신에 대해 만족감을 느끼는 곳이고, 이러한 친밀감이 생기기에 이상적인 곳이다.

동시평가 과정과 개인지도를 돕는데 있어서 성인 자원봉사자들을 활용하는 것이 좋은 이유는 일단 계약하면 꽤 오랜 기간에 걸쳐 의존할 수 있다는 점이다. 학생들은 그들에게 익숙해질 것이며, 그들이 자기들에게 얼마나 많은 도움이 되는지 이야기할 것이다. 이것은 그들에게 신뢰감을 주어 효율성을 증대시킬 것이다. 학교가 봉사할 장소를 제공하면, 비록 봉사자들이 가끔 불평을 한다고 해도, 그들을 이기적으로 이용하는 것은 아니다.그들도 '좋은 학교'에서 주는 만큼 또는 그 이상을 얻게 될 것이다.

앞서 설명한 바와 같이 '좋은 학교'에서는, 전통적인 학교 학생들이 흔히 그러하듯, 가만히 앉아서 무슨 일이 일어나고 있는지 의아해 하거나, '나는 실력향상을 할 수 없다' 또는 '나는 낙제생이다' 라고 믿는 학생이 하나도 없다는 사실이 중요하다. 자원 보조교사는 항상 가까이 있으면서 학생이 공부하다가 막히면 도와줌으로써 이런 일을 미연에 방지할 수 있을 것이다. 이렇게 민첩한 도움은 또한 현재 너무나 많은 선생님들이 고통받고 있는 대부분의 훈육 문제들을 예방할 수 있을 것이다. '좋은 학교'에서는 거의 모든 수업에서 학생들이 도움을 청하면 1대 1로 즉시 도움받게 될 것임을 알려주도록 한다.

'좋은 학교'는 가능하면, 1주일에 하루나 이틀 정도 지역주민들 중에서 가르치기를 원하고 능력이 있는 자원봉사자들이 교육하는 야간수업을 열어야 한다. 이런 수업에서는 부모님들이 자녀들과 같이 수강하고 싶어하는 과정을 개설하면 효과가 있을 것이다. 가족들이 모두 관심있는 공부를 함께 할 때, 소중하고 각별한 친밀감이 생긴다. 예를 들면, 학생과 부모님이 컴퓨터 과정을 함께 수강할 수 있다. 이런 경험의 가치를 의심할 사람은 아무도 없을 것이다. 이 과정은 대부분의 중·고등학교마다 컴퓨터 천재 학생들이 있으므로 이들의 도움을 받으면 된다.

'좋은 학교'에서 숙제를 강요하지 않는 한편, 학생들은 야간에 개설하는 기초실력 보충반에 다니면서 따라갈 수 있다. 학생들은 또한 재정적 한계 때문에 정규 학교수업으로 개설되지 못한 소규모의 비학점 고급과정에 들어가 공부할 수도 있고 또는 자질을 높일 수도 있을 것이다. 중국어 같은 외국어나, 사진, 비디오 촬영, 또는 컴퓨터 그래픽 등 모두가 노련한 자원봉사자들이 가르칠 수 있는 것들이다. 비용은 시설이용비만 지급하면 되고, 그 밖에 모든 것들은 기금 모금을 포함해서 자원봉사자들이 마련하게 될 것이다. 앞 장에서 언급했던 개축한 집을 팔아서 모은 돈의 얼마를 여기에 사용할 수도 있다.

학교의 체육시설에 따라서는 학부모와 학생들을 위한 체육 프로그램도 야간 수업의 일부가 될 수 있다. 이와 같은 프로그램들은 현재 많은 학교에 있으므로, 이미 기초가 잘 잡힌 기존의 프로그램과 거리가 먼 것은 아니다.

지역공동체 봉사

그 어느 때보다 학생들이 그 지역공동체를 돕는 프로그램이 증가하고 있으며, 이것은 모두 '좋은 학교' 교육의 일부가 되어야 한다. 학교는 어떠한 지역문제 해결에도 관심이 있다는 것과, 개인이나 단체도 학교에 접근하여 도움을 청할 수 있다는 것을 알려야 한다. '좋은 학교'에서는 사회수업에서 이러한 지역의 요청 사항들을 연구하고, 학교의 참여 여부를 결정한다. 만일 일할 사람들이 학생들이라면 그들이 결정한다. 그러므로 아무도 그들을 대신해서 봉사를 자원해서는 안된다.

단 하나의 조건은 학생들이 지역을 위해 무슨 봉사를 하든 그것은 교육적 요소를 내포해야 한다는 점이다. 청소나 어떠한 봉사도 지역공동체에 주는 이익에 대한 조사가 없고, 그 일에서 뭔가 유익한 것을 배울 수 없다면 학생들에게 부탁해서는 안된다.

물질적 시설물들에 대한 학생들의 책임

일단 '좋은 학교'에 다니는 것이 얼마나 자신들의 욕구를 만족시키는 것인지 알게 되면, 학생들은 자신의 질적세계에 학교 사진을 넣을 것이다. 그렇게 된다면, 학생들은 물질적 시설물들을 개선하고 유지하는데 기꺼이 책임을 질 것이다.

만일 우리가 학생들에게 책임을 가르치고자 한다면, 학교를 연구와 실습대상으로 보고 돌보도록 하는 것보다 더 좋은 방법은 없다. 학생들은 학교 재정이 어떻게 조달되는지 알아보고 나서, 자기들 학업의 가치가 얼마나 되는지도 알아봐야 할 책임이 있다. 학생들에게 무엇을 하라고 이야기해서는 안되지만, 해야 할 일들을 계획하는 데 참여하게 해야할 것이다. 이렇게 할 때, 학생들은 자기 노동의 대가로 얼마를 절약하게 되는지 계산해 보도록 한다. 만일 학생들이 이 일을 거부한다면 면담을 통해 이야기를 나누고 승낙하면 학급회의에서 토론하는 것이 좋을 것이다. 학생에게 강제로 일하게 하는 것은 '좋은 학교'의 기본 목적을 헛되게 할 것이므로, 억지로 일을 시키지 않는 것이 좋다.

학교 안팎을 새 페인트로 윤이 나게 칠하도록 학생들에게 용기를 주는 것도 좋다. 지나가는 사람들은 학교 건물 관리가 아주 잘되고 있다고 감동할 것이다. 조경은 아름다워야 하고 쓰레기도 없어야 하고, 운동장의 일부는 미취학 어린이들을 위해 조그만 운동장을 예쁘게 만들어서 어린이에 대해 배려하도록 한다. 만일 지역주민들이 가치있게 여겨주면 이러한 교내활동으로 돈을 버는 것도 가능할 것이다. 설비계획과 관련하여 보통 학교에서는 하지 않지만 지역주민에게 봉사할 수 있는 일들을 가능한 한 많이 생각해 내서 해보도록 학생들을 촉구하기 바란다.

각 반마다 다양한 분야의 일들을 책임지고 돌보고, 이것을 돌아가면서 한다면 학생들이 관리 업무의 모든 측면을 배울 수 있게 될 것이다. 서무 직원이 이러한 연구활동의 관리자와 교사로서의 역할을 할 수도 있다. 각 반이 담당할 책임 분야를 선정하여 알리는 공고문을 붙일 수도 있을 것이다. 연중 내내 각 반이 담당한 곳을 개방해서 방문객들이 오면 저희들이 무엇을 했으며, 그렇게 하면서 배운 것이 무엇인지를 책임있게 설명한다.

전체적인 생각은 학생들이 자신들의 학교를 그 지역에서 가장 관리가 잘되는 공공건물로 만들기 위해 스스로 한 것에 대한 긍지를 가지도록 도와주는 것이다. 이러한 긍지는 중요하다. 질적사회는 청결하고 매력적이다. 학교는 학생들이 배우고 긍지를 느끼는 곳이어야 한다. 질적학습을 하는 잘 훈련된 학생들이 가득하고 관리가 잘된 학교들을 보는 지역주민들은 재정적 지원을 할 것이다. 현재 주민들은 이 점을 충분히 인식하지 못하며, 이것이 교육에 대한 지원이 그렇게 적은 한 가지 이유이기도 하다.

II. 선택이론으로 '좋은 학교' 만들기

선택이론은 좋은 학교, 좋은 선생님에 대한
새로운 설명이다.
우리는 이것을 통해 더 효과적으로
가르치고 상담하고 관리할 수 있는 방법을
훨씬 분명하게 할 수 있다.

전통적인 학교에서는 어린이에게 문제가 생기면, 제일 먼저 하는 제안이 상담이 필요하다는 것이었다. 그러나 상담에 의존하면, 상담을 필요로 하는 학생들이 너무 많아 충분한 상담자들을 구하기 어렵다는 사실을 알게 된다. 그런데 만일 학생들이 선택이론을 알고 있으면, 문제에 봉착했을 때 무엇이 잘못된 것인지 헤아릴 줄 알고, 상담을 훨씬 줄이고도 배운 것을 이용하여 그 문제를 해결할 수 있을 것이다. 이것이 선택이론을 가르치는 가장 커다란 이득이다. 선택이론은 활용할 수 있는 지식이므로, 이것을 모르고서는 불가능할 것 같아 보이는 삶의 통제력이 생긴다. 그러므로 '좋은 학교'에서는 교사들이 학생들에게 선택이론을 가르칠 책임이 있다.

선택이론은 우리가 인생을 어떻게 선택하고 살아가는가 하는 방식에 대한 새로운 설명이다. 그러므로 이것은 새로운 심리학이다. 일단 배우면 우리는 일생을 통해 유익하게 이용할 수 있다. 이것을 통해 현재 우리가 하고 있는 것보다 더 효과적으로 상담하고 가르치고 관리할 수 있는 방법을 훨씬 더 분명하게 이해할 수 있게 될 것이다. 이것은 데밍의 제시가 학생들이 질적학습을 하도록 관리하는데 왜 그렇게 효과적인가 하는 점도 설명한다. 나와 데밍의 견해가 밀접한 연관이 있는 이유도 여기에 있다.

선택이론을 가르치기 위해 교육받은 많은 교사들은 교직 외에 다른 삶에서도 전보다 더 성공적으로 살고 있다는 보고가 있었다. 이것도 우리가 선택이론을 배우도록 고무하지만, 내가 선생님들이 학생들에게 가르쳐 주기를 원하는 이유는 학생들의 비효율적이고 때로는 자기파괴적이기도 한 행동의 많은 부분이 한 인간으로서 자기가 어떻게 기능하는지를 모르는 데서 비롯되기 때문이다. 만일 그것을 안다면, 인생을 살아가면서 전반적으로 더욱 효율적이고 행복하며, 학교에서도 더 열심히 공부하려고 노력할 것이다. 여러분처럼 많은 사람들이 나와 함께 학교에서 자문을 해온 동료들에게 많은 질문을 했었다. 이러한 질문에 답하기 위한 훌륭한 자료들이 많이 나와 있다.

일찍이 유치원이나 초등교육 때부터 5가지 기본 욕구와 질적세계의 개념을 가르치는 것이 좋을 것이다. 행동이 무엇이며, 이것은 우리가 선택하는 것이라는 점과, 우리의 모든 행동이 우리 질적세계에 있는 그림들을 가장 잘 만족시킬 수 있도록 우리를 둘러싼 세상을 통제하고자 하는(지배가 아니다) 그때 그때의 최선의 시도라는 사실을 학생들이 1학년이 될 때까지는 배울 준비가 되어 있다.

강조해야 할 점은 우리가 하는 모든 행동은 우리가 선택하고, 따라서 자신의 선택에 대해 책임을 진다는 사실이다. 또한 가장 좋은 선택을 생각해 내는 것이 그들이 해야 할 일이라는 것도 가르쳐 주어야 한다.

학생들이 이러한 개념들을 이해하기 위해 선생님은 보다 나은 부모님이 되기 위해 선택이론을 어떻게 생활에 적용했는지와 같은 실제 사례를 이용하는 것이 좋다. 예를 들면, 지난밤 선생님은 딸이 자기 방을 치우지 않았기 때문에 화가 나서 소리를 질렀다는 식으로 뭔가 아이들과 관련이 있는 얘기를 들려 주라. 선생님은 집이 깨끗하고 방들이 정돈되어 있는 것을 얼마나 좋아하는지 이야기해 주고, 더러운 방을 볼 때 선생님의 생존 욕구(더러운 것은 해롭다)와 힘의 욕구(선생님 방식으로 집을 정돈하는 것이 자랑스럽다)가 좌절된다는 것을 이야기하라. 선생님이 '좌절'이라는 단어를 무슨 의미로 사용했는지 이야기해 주고, 좌절의 중요한 개념에 대해서도 가르치기에 적당한 때이다.

이러한 두 욕구에 근거하여 선생님의 질적세계에 있는 집의 그림은 깨끗하고 잘 정돈된 집이라고 이야기하자. 그러나 선생님은 딸을 사랑하기 때문에 딸에게 소리를 지를 때도 좌절하게 되고, 누구에게도 소리 지르는 것을 좋아하지 않는다. 그것보다 더 나은 행동을 생각해 내도록 학생들이 도와줄 수 있는지 물어보라. 학생들은 딸이 그렇게 하지 않으려 할 것이고 선생님은 화만 날테니까, 딸이 자기 방을 특별히 깨끗이 치우는 선생님의 그림을 바꾸는 것이 현명할 것이라는 제안을 할지도 모른다. 만일 그들이 제안한 것이 적합하고 일리가 있으면, 그렇게 해보라. 효과가 있으면 더 나은 행동을 선택하도록 도와주어 고맙다고 말하라. 2학년 이상의 수업을 지도할 때에는 학급에서 하는 행동들, 책, 영화, 텔레비전에서 예를 들고, 만일 초등학교면 비디오 만화로 선택이론을 가르치면 된다. 집에서 만화를 가져오라고 요청한다.

만일 『세 마리 어린 돼지』를 가져오면, 돼지들과 늑대의 욕구를 알아보고, 이러한 욕구를 만족시키기 위해 그 인물들이 자신의 질적세계에 어떤 그림들을 간직하고 있는지 학생들에게 제시해 보게 한다. 그 다음에는 그 인물들이 선택한 행동에 대해 이야기하고, 어느 것이 가장 잘된 행동이며, 왜 그런지도 이야기한다. 이러한 기초적 통제 이론을 계속 가르치는 것이다. 학생들이 이것을 이해하고 나이가 들어 더 똑똑해지면 전행동 개념을 가르쳐 준다. 분노와 우울 같은 행동이 사실은 선택이라는 점을 설명해주고, 학생들이 그렇게 할 때 지적한다. 또한 그들의 질적세계에 간직하는 그림도 자신이 통제할 수 있다는 사실과, 선생님의 딸과 정리가 안된 방을 예로 들었듯이 때로는 그림 하나를 바꾸는 것이 현명하다는 것도 일깨워 준다.

선택이론을 학생들이 얼마나 많이 적용할 수 있는지 인식하게 도와주기 위해서 선생님 학급 상황을 이용해도 된다. 예를 들면, 만일 학생들 4~5명이 운동장에서 소란을 피우면 학급 전체를 소집해서 학급회의를 연다. 그 소동에 관련된 학생들의 허락을 반드시 받고 그 아이들도 토론에 참여시키도록 한다. 만일 선생님이 그들의 부모를 당황하게 할 수도 있다는 것에 대해 이야기하려고 한다면, 토론회를 열기 전에 그러한 문제를 분명히 하고 싶을지도 모르겠다. 다음과 같은 질문을 해보라.

1. 이 학생들 각자가 선택한 행동은 어떤 행동이었습니까?

2. 그 행동을 함으로써 무슨 욕구를 만족시키려고 했습니까?

3. 그들이 그런 소동을 시작하기로 선택했을 때 자기가 만족시키려고 했던 자신의 질적세계 그림은 어떤 것이었습니까?

4. 그 소동을 피하기 위해 선택할 수 있었던 보다 나은 행동은 어떤 행동이었습니까?

5. 이 소동에 관련된 학생들에게 해줄 수 있는 제안은 어떤 것입니까? 다음에는 그렇게 해볼 마음의 준비가 되어 있습니까?

선생님은 학생들과 수업하면서 항상 선택이론을 가르치고 학생들을 개인적으로 상담할 때 같은 질문을 사용할 수 있다. 조그만 자동차를 선생님의 책상에 두고 '전행동 차'라 부르면서, 학생이 더 나은 행동을 생각해 냈을 때 어떤 행동도로를 따라 자기 차를 운전해 가고 있는지 물어 보라. 학생들이 자신의 인생을 운전해 가고 있다는 것을 계속 강조하고, 그것도 자기가 하기로 선택했다는 것과, 또 만일 선택을 잘못하면 항상 더 나은 선택을 할 수 있다는 것도 강조한다.

많은 학생들에게 있어 '좋은 학교'를 처음 접하게 되는 것이 중학교나 고등학교일 것이므로, 선택이론을 가르치는 것은 그때까지 늦어지게 될 것이다. 중학교에서 학급을 바꿀 때마다 모든 교사들이 가르칠 필요는 없다. 아마 과학 선생님이나 보건 선생님 중 자원하는 분을 선택이론을 최초로 가르치는 교사로 지정하면 될 것이다. 그러나 모든 교사들이 학급 토론에서 선택이론을 제기해 봐야 한다. 학생들은 가공의 인물과 실제 인물들이 선택한 행동의 동기가 된, 질적세계에 넣어 두기로 결정한 그림으로 자신을 유도한 욕구가 무엇인지에 대해 학생들은 추측해 볼 수 있다.

만일 여러분의 학교가 '좋은 학교'가 되기 위해 계약 체결을 했다면 이 책의 끝부분에 실린 선택이론 자료를 구해 검토하도록 하라. 몇년 전, 나는 "『선택프로그램』이라는 책을 썼는데, 선택이론이 무엇인지를 5학년부터 9학년까지 가르치는데 아주 좋은 프로그램이다. 이 프로그램은 학생들이 선택이론을 배우는 것을 기초로하여 약물을 사용하지 않기로 선택하는 것을 포함, 더 나은 선택을 하도록 도울 수 있는 방법을 다룬 것이다. 이 프로그램에 대한 정보도 이 책의 끝부분에 실려 있다.

만일 선생님이 선택이론을 가르치기로 결정했다면, 서두를 것은 없다. 시간이 걸리는 긴 과정이고 또 그래야 하기 때문이다. 선생님이 '좋은 학교'에서 가르치는 한, 이 자료를 가르칠 기회를 놓쳐서는 안된다. 이것은 전 생애에 걸친 진지한 학습이다. 우리 중 아무도 우리가 어떻게 기능하는지에 대해 알아야 할 것을 모두 아는 경지까지 도달한 사람은 없을 것이다. 이미 나와 있는 자료들을 사용하거나 특별수련회에 참가를 권유하느니만큼, 많은 교사들은 선택이론을 배우는데 별 어려움이 없을 것이다.

여러분 중 어떤 분들은 여기에 관심이 있는 친구 교직원과의 대화와 개인적 경험, 서적들을 통해 상당한 양의 전문지식을 얻을 것이라는 것은 의심의 여지가 없다. 일단 이것이 편안한 느낌이 들면, 소규모의 협동집단들을 이용하여 학생들이 촌극을 써서 연출하거나 다른 여러가지 일들을 하게 격려할 수 있다. 선생님에게 용기가 되는 것은 학생들이 선택이론을 빨리 이해하고 즐겁게 배운다는 사실이다. 학생들은 그렇게 하면서 선택이론을 자기 생활에 적용하기 시작할 것이다.

마지막으로, 선택이론을 가르칠 수 있는 한 가지 방법을 제시해 본다. 현재는 이렇게 선택이론을 가르치는 선생님이 거의 없지만, 이것은 학교 수업을 이용하여 가르치는 형식이다. 전 학년 교사들이 제한없이 사용할 수 있는 방식이다.

학교 수업을 통해 선택이론 가르치기

선생님이 선택이론 개념에 충분히 익숙해졌으면, 모든 수업을 통해 기회가 있을 때마다 조금씩 가르칠 것을 제안한다. 예를 들면, 학생들이 일단 배우면 도움이 될 가장 기본적인 선택이론의 개념은 우리의 모든 행동이 우리 내부에서 오며, 우리가 행동하는 것은 우리가 선택한다는 사실이다.

이 사실은 대다수의 사람들과 마찬가지로 학생들에게도 상식에 위배되는 것으로서, 그들은 자신의 많은 행동이, 특히 말썽이 되는 행동들은 자신이 선택한다고 믿지 않는다. 자기들이 하는 행동은 그렇게 밖에 할 수 없다고 믿는다. 다시 말하면, 주변에서 일어나는 것에 대한 자동적 반사행위이거나 반응이라는 주장이다. 만일 학생들이 하는 행동을 정말 스스로 선택한다는 사실을 4학년이 될 때까지 완전히 이해할 수 있다면, 인생을 살아가는 마음의 준비가 현재보다 더 잘 될 것이다.

어느 학년이든 모든 학급에 공통된 상황을 하나 생각해 보고, 여러분들이 그 상황을 이용해서 약간의 선택이론의 기본을 가르치는 방법을 처음부터 설명해 보도록 하겠다.

싸움이 일어났다고 하자. 한 학생이 다른 학생을 치고 또 맞은 학생이 되쳤다. 둘다 당황해서 상대를 비난한다. 반 학생들이 그 싸움을 보았기 때문에 무슨 일이 일어났는지 누구나 알고 있고, 대개의 학생들이 싸운 학생 중 한 명은 상대가 약을 올렸기 때문에 싸워야 했다고 단정을 내린 상태이다. 즉, 다른 선택의 여지가 없었다. 그러므로 그 학생은 상대가 자기를 치고, 욕하고, 자기 가족을 모욕하고, 자기 물건을 빼앗고, 속이고, 경멸하고, 자기가 하지도 않은 것을 했다고 비난하는 등의 행동을 하지 않았더라면 절대 치지 않았을 것이라고 말한다.

이것은 학생들이 비록 의식은 안 해도 그들이 아는 모든 사람들처럼 자극반응 심리학 이론을 믿고 있는 것이다. 즉, 우리의 행동은 우리에게 일어난 것에 대한 필연적이고 무의식적인 반응이며, 우리는 타인이 하는 것에 대해 책임을 질 수 없다는 것이다.

그러나 그런 행동이 그들이 일어난 것에 의해 유발되는 것이 아니라는 사실을 가르치는 것은 여러분이 '좋은 학교'에서 해야할 일이다. 그들의 행동은 자신들의 뇌의 작용에 의해 유발되는 것이며, 무엇을 하든, 그 행동을 하기로 선택하고 있다는 것이다.

이 사실을 자기 삶에 적용할 만큼 충분히 잘 터득한 학생은 값진 교훈을 하나 배운 것이다. 이것은 아주 어려서부터 총을 쉽게 가까이 할 수 있는 오늘날 이 사회에서 자신을 구해줄 수 있을 것이다. 싸움이 끝나고, 선생님은 누구의 잘잘못을 가리거나 체벌하기를 원하지 않는다고 말해서 두 학생이 모두 진정되면, 전체 학생들에게 어떤 방법으로 싸움을 피하고 잘 지낼 수 있는지 가르친다.

첫 번째 모임: 선택하지 않는 것 찾기

반 학생들을 둥글게 앉히고, 그 싸움에 관해 평생 동안 살아가면서 사용할 수 있는 것을 배우게 도와주고 싶다고 말한다. 하루에 몽땅 다 하는 것은 아니지만, 앞으로 몇 주간 그들이 무엇을 왜 하는지를 설명하는 새로운 이론인 선택이론을 수업시간에 가르쳐 주겠다고 말한다. 대개의 학생들은 되풀이 되는 일과속에서 새로운 것을 배운다는 생각에 기꺼이 주의를 기울일 것이다.

선생님은 먼저 그 싸움에 대해 얘기하겠지만, 그것은 다만 가르치기 위한 것이라고 이야기한다. 다시 되돌아가 그 일을 자세히 재탕하는 데는 관심이 없다고 말한다.

첫 토론회의 준비물로 전화기(장난감 전화도 가능)를 준비한다. 전화가 울리게 하고 물어 본다.

"집에서 전화가 울리면 어떻게 하지요?"

이때 대개는 이렇게 대답할 것이다.

"수화기를 집어들고 '여보세요'라고 할거예요"

누군가는 "나는 계속 잘거예요" 라고 하면 이 대답을 주목하되 논평은 하지 말도록 한다. 다시 계속해서 물어본다.

"전화가 울리면 항상 받나요?"

어떤 학생은 아니라고 하겠지만 대개는 그렇다고 할 것이다.

"만일 여러분이 이야기하고 싶지 않은 사람이 전화한 게 확실하다면… 그 사람한테 여러분이 돈을 줄 게 있는데, 그 돈이 없다고 합시다. 그래도 전화를 받을 건가요?"

이제 대부분 학생들의 마음이 바뀔 것이다. 전화를 받지 않는다면 무엇을 할 것인지 물어본다.

"그냥 울리게 두겠어요" 또는 "누군가 다른 사람에게 받아달라고 하고 내가 집에 없다고 해달라고 하겠어요"와 같이 다양한 대답이 나올 것이다. 모든 대답을 듣는다. 그러나 논평은 하지 말고 전화가 오면 받는 것 말고도 여러분이 할 수 있는 게 많은 것 같다고만 말한다.

몇 분간 같은 것에 대해 몇 가지 질문을 더 해 본다.

"여러분은 항상 횡단보도로 건너나요?"

"항상 이를 닦나요?"

"항상 시험 공부를 하나요?"

이상과 같은 질문들을 하고 나서, "어떤 경우에도 여러분이 항상 하는 일에는 무엇이 있나요?" 라고 하여 그들이 항상 하는 것이 무엇인지를 알아본다. 이때 계속 질문을 해도 학생들은 항상 하는 것이 무엇인가 있다는 것을 인정하지 않으려고 할 지 모른다. 그러면, 살짝 농담삼아, "항상 숨을 쉬지요?" 라고 물어보면, 모두 웃을 것이다. 그러면서도 그것은 늘 한다고 할 것이다. 여기까지 하는데 20분 정도 걸릴 것이다.

만일 학생들이 매우 흥미있어 하고 이야기하고 싶어하면, 30분 이상 너무 긴 시간은 넘지 않게 조금 더 시간을 준다. 이야기를 별로 하지 않은 학생들에게는, "너는 뭔가 할 얘기가 있구나" 또는 "누구에게 속삭이는 것을 보았는데, 너는 좋은 생각을 많이 하잖니? 무슨 생각이 났니?" 라고 하면서 이야기하도록 끌어들인다. 너무 심하지 않게 이야기하도록 조금 재촉해 본다. 특히 불편해 하는 학생이라면, 좀더 주의를 기울이도록 한다. 모임을 끝내면서 며칠 있다가 다시 이야기하겠다고 말한다. 그리고 학생들에게 무엇이든, 이것저것 하는 이유가 무엇인가에 대해 생각해 보라고 한다.

"숨 쉬는 것처럼 지속적으로 하는 것이 그밖에 또 있습니까?"

다음 모임까지 자기가 선택하지 않았는데 하는 것이 있는지 계속 생각해 보도록 상기시킴으로써 관심을 갖도록 한다.

두 번째 모임: 모든 행동은 선택이란 것 알기

선생님은 학생들이 하는 것을 선택하는 것에 대해 더 이야기하고 싶다는 뜻을 비추고 질문한다.

"숨쉬는 것 외에 여러분이 선택하지 않고 하는 것이 있었어요?"

학생들은 이 질문에 대해 고심하겠지만, 선생님이 끝까지 참고 기다려 주면 결국 숨쉬기 이외의 모든 행동은 선택한 것이라는 사실을 시인할 수밖에 없을 것이다. 그러면 선생님 역시 우리가 하는 모든 것들은 선택하는 것이라고 믿는다고 말한다. 그런 다음에 다음과 같은 질문을 한다.

"여러분이 하고 싶지 않은 것을 누가 하게 만들 수 있나요?"

학생들은 많은 사람들, 예를 들면 어머니, 아버지, 할머니, 형, 언니들과 동네 깡패들이나 총을 가진 사람들이 원하지 않는 일들을 억지로 하게 할 수 있다고 할 것이다. 먼저 어머니가 학생들이 원하지 않는 일을 하게끔 할 수 있다는 불만에 초점을 맞춘다.

"여러분이 어머니한테 순종하지 않은 적이 많지 않아요?" 라고 물어본다. "네, 그랬어요, 그러나 어머니가 다 알고 계실 때는 안 그랬어요, 그런 때는 어머니가 말하는 대로 해야 했어요" 라고 말하면 토론으로 들어갈 수 있다. 계속 질문하면 대부분의 학생들은 어머니가 벌을 주거나 저희가 그렇게 해야 하기 때문에 순종하는 것이 아니라, 저희들이 어머니를 사랑하기 때문에, 그리고 어머니가 저희들을 사랑해 주기를 원하기 때문이라고 할 것이다.

"사랑하지 않는 사람에게도 순종하세요?"

이렇게 물으면, 학생들은 무서우면 그럴 거라고 대답할 것이다. 이때 총기의 예가 다시 화제가 될 것이다. 이런 질문을 하라.

"누군가 총을 대고 가진 돈을 다 내 놓으라고 한다면 이 때 거절할 수도 있을까요? 비록 무서울지라도 여러분은 돈을 지키기 위해 목숨을 걸기로 선택할지도 모르잖아요?"

만일 학생들이 "그것은 바보짓이에요" 라고 반대하면 이렇게 말한다.

"여러분은 그런 바보같은 짓을 하기로 선택하고 죽기까지 하는 사람들에 대해 들어본 일이 없어요?"

학생들은 '있다'고 할 것이고, 그런 다음에는 선생님 생각도 '그렇다' 라고 하면서, 우리는 모두 늘 어리석은 일들을 하기로 선택한다고 말한다.

우리는 우리가 하는 모든 것을 선택한다는 사실을 가르쳐 주려 한다고 학생들에게 이야기하자. 가끔 우리는 누군가의 사랑을 잃는 것이 더 불행한 결과를 가져오므로, 이것을 두려워 하는 일도 있다. 또 어떤 때는 겁나고, 하지 않는 것이 하는 것보다 사태를 더 악화시키니까 우리가 원하지 않는 일들을 하기도 한다. 또 때로는 어떤 일을 하는 당시에는 어리석어 보이지 않았다가 나중에 어리석었다는 것을 발견하기도 한다. 그러나 어리석은 일을 할 때는 우리가 그렇게 하기로 선택한다는 것을 인정하고 싶어하지 않는다. 그 대신 우리는 '그렇게 해야 했다' '선택권이 없었다' '누군가가 나에게 그것을 하게 했다' '어떤 일이 일어날 것이라고 미처 깨닫지 못했다' '한번 해 봤다' 라고 말하기를 좋아한다.

"무엇인가 멋있는 일을 하면, 여러분이 그 일을 하기로 선택했다고 말하고 싶으세요?"

멋있는 일을 하는 것에 대한 책임과 어리석은 일을 하는 것에 대해 책임을 지는 것이 어떻게 다른지에 대해 토론한다.

너무 많이 먹어서 병이 났다던지, 너무 빨리 운전을 해서 스티커를 발부받았다는 등, 선생님이 저지른 어리석은 일 몇 가지를 학생들에게 이야기해 준다. 선생님은 이같이 어리석은 일을 하기로 선택했다는 것을 시인하지 않으려고 친구들에게 어떻게 말했는지에 대해서도 이야기해 준다. 그리고 학생들에게 어리석은 일과 자기들이 그렇게 하기로 선택했다는 것을 시인하지 않으려고 어떤 말을 했는지에 대해 발표해 보라고 한다. 그리고 나서 이렇게 묻는다.

"여러분이 선택하려고 하는 것이 어리석은지 아닌지 알 방도가 무엇이 있나요?"

만일 우리가 전체적인 상황에 관해 더 많이 알면, 더 나은 선택을 할 수 있다는 대답이 나올 때까지 이야기한다. 그러면 그것에 찬성하고, "그런 전반적인 상황에 대해 어떻게 알 수 있어요?" 라고 물어본다.

예를 들면, "어떤 학생들은 중간에 학교를 그만두고, 나중에 그

것이 어리석었다는 것을 인정합니다. 그 때는 그것이 잘 하는 선택이라고 생각했습니다. 그들이 왜 이런 선택을 할까요?" 라고 묻는다. 그 반대의 질문을 해본다.

"어떤 학생들은 왜 자퇴할 생각을 절대 하지 않을까요?"

같은 맥락에서 학생들이 '우리는 생활에 이용할 수 있는 것들을 배우고 있다고 생각하는 한 학교에 다닌다'는 말이 나올 때까지 질문을 계속한다. 그런 말이 나오면 찬성하고 모임을 끝낸다.

세 번째 모임: 선택을 결정하는 기본욕구

학생들이 하는 모든 것들은 자신이 선택한다는 식으로 새로 배운 개념을 복습시킨다. 어떤 때는 좋은 선택을 하기도 하고, 어떤 때는 나쁜 선택을 하지만, 모든 것은 선택이라는 점을 강조한다.

다음에는 "왜 배가 고프세요?" 라고 질문한다. 학생들은 살아 있기 위해 음식이 필요하다고 대답할 것이다. 살아남기 위해서 또 무엇이 필요한가를 물어보면, '공기, 물, 집이 기본적인 것'이라고 대답할 것이다. 다음에는 "여러분은 다투거나 싸우지 않으면 살아남지 못할 것같이 염려되어서 큰 논쟁이나 싸움에 참가해 본 적이 있어요?" 라고 묻는다.

아주 험한 동네에서 사는 소수가 '그렇다'고 할지 모르지만, 대개는 '아니다' 라고 대답할 것이다. 그러면 "살아남기 위해서 논쟁을 하거나 싸우는 것이 아니라면, 무슨 이유로 논쟁하거나 싸우지요?"라고 물어본다.

어떤 학생들은 자기한테 욕하는 것이 싫다고 할 것이다. 이것을 좇아가라.

"욕 먹는 것이 왜 싫어요? 누군가 여러분이 사랑하는 사람에게 욕하는 것을 듣는 것이 싫다는 이야기인가요?"

학생들은 사람들이 자기들을 얕보고 건드리는 것이 싫다고 할 것이다. 그러면 누군가가 멸시하면 왜 화를 내기로 선택하느냐고 물어본다. 학생들은 화를 내기로 선택한 것이 아니라 그 사람이 나쁜 욕을 해서 화나게 했다고 반박할 것이다. 선택하지 않았다면 어떻게 그런 일이 생기느냐고 대응하라. 아마도 대부분의 학생들은 '어쩔 수 없이 그냥 그렇게 되었다' 라고 할 것이다.

"만일 누군가 아주 힘세고 더 큰 사람들이 여러분을 멸시했다고 가정한다면요? 두드려맞을 걸 알면서도 화를 내고 싸우기 시작해요? 뾰로퉁하거나 도망가거나 분개하기는 해도 심하게 화를 내지는 않아요? 여러분이 화를 누르는 것은 만일 화를 냈다가는 싸움같은 어리석은 짓을 할지도 모르고, 그럼으로써 맞거나 심지어 죽을지도 모르기 때문이지요. 어떤 때, 여러분은 화보다 겁이 더 나지 않아요?"

이런 토론을 계속해서 아무도 그들을 화나거나 겁나게 할 수 없다는 것과, 이 역시 선택이며, 모든 것이 선택이라는 사실을 이해하도록 해준다.

좌절하는 데는 늘 그럴만한 이유가 있다는 것을(좌절의 의미를 알고 있는지를 먼저 확인한다) 이야기해 주라. 이러한 이유들도 그들이 배고픈 이유와 또 같다는 것을 말해주고, "여러분은 이 이유들에 대해 배우고 싶어요?" 라고 묻는다. 학생들은 관심을 가질 것이고, "네" 라고 하거나 주의집중이나 기대감을 나타낼 것이다. 처음에는 다음과 같이 물어본다.

"만일 어떤 사람이 여러분과 가장 친한 사람을 모욕하면, 왜 화를 내지요? 또는 좋은 친구가 여러분을 거부하면, 왜 화내요?"

이렇게 토론을 계속하면 자기들은 친구가 필요하고, 친구들을 보호해 주고 그들과 계속 친구로 지내고 싶다고 할 것이다. 학생들의 말이 맞다고 하면서 '우리는 모두 친구가 필요하고, 아니면 누군가 우정을 위협하면 우리는 좌절하고 무언가를 선택해야 한다'고 한다. 우리는 거부 당하면 화를 내기로 선택하거나, 우울하기를 선택한다.

"만일 좋은 친구가 여러분을 거부하면, 상관하지 않거나 주목하지 않는 것이 가능해요?"

그러면 학생들은 "아니요, 그것은 불가능해요" 라고 할 것이다. 이때 맞장구치면서 뇌의 구조상(이 이야기를 할 때, 머리를 가리키면서 강조한다) 우리는 친구가 필요하다는 사실을 이야기해준다. 그리고 나서 "어떤 사람들은 다른 사람들보다 친구가 더 필요합니까?" 라고 묻고 토론하기를 청한다. 아마 대부분 그렇다고 할 것이다. 우리에게 필요하다고 생각하는 친구의 숫자는 어느 정도는 모두 서로 다른 반면, 우리 모두 친구가 필요하다는 사실을 강조하면서 다음과 같이 물어본다.

"여러분이 친구를 필요로 하고 살아남고자 하는 욕구만큼 강한 욕구가 또 있어요. 또 여러분이 말하는 것을 들어줄 사람이 몇 명이나 필요하세요?"

이 토론에서 선생님은 학생들이 하는 말을 들으려고 열심히 노력한다고 말해준다.

"어떻게 하면 사람들이 여러분에게 주의를 기울여서 여러분이 하는 이야기를 들어주고 의견을 존중하고 존경하게 할 수 있을까요?"

남이 하는 이야기를 들으면 다른 사람들도 그들의 이야기를 들을 가능성이 많다는 사실을 납득할 때까지 토론을 계속한다. 이 때 잠시 옆으로 빠져 중용에 대해 얘기해도 좋을 것이다.

우리 모두 힘을 인식하는 욕구가 필요한데, 이 욕구는 다른 사람들이 우리를 밀어내거나 모욕하려 들지 않고, 우리 이야기를 듣고 존중해 줌으로써 충족된다는 것을 설명해 준다. 즉, 우정, 사랑, 그리고 생존의 욕구와 똑같이 생래적으로 타고난다는 점을 강조한다. 학생들이 자유의 욕구에 대해 생각하게 하기 위해서는 이렇게 묻는다.

"만일 사람들이 우리에게 어떤 것을 못하게 하거나 어떤 곳을 못가게 했을 때 좌절하는 이유는 무엇이에요?"

이 점에 대해 잠시 토론하면, 학생들은 자유가 필요하고, 자유를 구속당하면 좌절하여 화를 내거나 싸우기도 하고, 또는 뾰로통하거나 도망갈 것이라고 대답할 것이다.

마지막으로, "여러분, 유쾌한 시간을 가지고 농담하고 놀고 웃고 싶으세요?"라고 묻고, 학생들이 재미있는 놀이를 하고 싶고 재미있는 놀이를 하는 것이 자기들에게 중요하다고 말할 때까지 계속 토론을 끌고 나간다. 단지 재미 때문에 인생에 모험을 건 적이 있었는지 물어보고, 낙하산이나 번지 점프에 대해 이야기하고, 위험한 것이었는데 재미있기 때문에 무엇을 해 본 적이 있는지 물어본다. 잠시동안 재미가 얼마나 중요한지에 대해, 그리고 재미 때문에 하고 싶어하는 것에 대해 이야기한다. 그리고 재강조하기 위해 "동물들이 재미를 찾아 다녀요?" 라고 묻는다.

'그렇다'고 하면 예를 들어 달라고 한다. "거북이나 곤충들이 재미를 추구하나요?" 라고 질문하고, 개와 거북이가 다른 점과, 어느 동물이 가장 재미를 추구하는지에 대해서도 물어본다.

토론이 끝나면, 우리는 생존하는 것 외에도 사랑, 우정, 힘, 자유와 재미가 필요하다는 사실을 학생들이 이해하기 시작할 것이다. 그래도 아직 생존이 가장 중요한 욕구라고 생각할 것이다. 이 오해에 대해 "만일 생존이 그렇게 중요하다면, 사람들이 어떻게 용기를 내서 자살하려고 해요?" 라는 질문을 하면서 다루어 본다.

자살에 대해 이야기한다. 대부분의 학생들은 누군가 자살한 사람을 알고 있을 것이다. 누구라고는 밝히지 말고 그 사람이 자살한 이유라고 생각되는 것을 물어보자. 그러면 대개는 사랑의 상실이 그 원인이지만, 힘과 자유의 상실 역시 스스로의 목숨을 끊는 원인이 된다는 것이 분명해질 것이다.

이제 우리가 선택하는 모든 행동의 결정요인이 되는 기본욕구를 모두 살펴보았다고 말하고, 이 다섯 욕구를 칠판에 써 놓는다.

'생존(안전), 사랑과 우정, 힘(존경을 받고 유지함), 자유, 재미'

네 번째 모임: 배운 내용 실습하기

지난번 얘기로 돌아가서 앞의 토론들을 통해 배운 것들을 적용하라. 전형적인 싸움이나 언쟁을 하게끔 자기들이 자주 하는 선택에 대해 이야기해 달라고 하라. 그리고 나서 좌절했을 때 선택하는 행동들을 충분히 살펴본 후, 아래의 질문을 이용하여 좌절된 욕구에 대해서 물어 보라.

1. 누군가 여러분에게 창피를 줘서 싸우지 않으면 존중감이나 힘을 잃을 것이어서 싸움(언쟁)이 흔히 일어나지 않나요?
2. 어떤 사람이 여러분이 하고 싶지 않은 일을 하게끔 하면 어때요? 해방감을 되찾기 위해서 누군가 다른 사람이 원하는 것이 아닌 여러분이 원하는 것을 하기 위해 싸우지 않아요(또는 언쟁을요?)

3. 친구가 여러분을 버리고 다른 아이한테 붙는다든지 하는 것처럼, 여러분을 거부하기 때문에 싸우는 일은 없어요? 어른들이 사랑 때문에 많이 싸우잖아요?

4. 재미도 없고 웃지도 않는 사람들 주위를 어슬렁거리면 싫어하지 않아요? 이렇게 지루한 사람들한테서 도망가기 위해 심술궂게 굴고, 언쟁이나 싸움을 걸기로 선택할 때는 없어요?

위의 질문들에 대해 잠시 토론한 후에, 만일 학생들이 선생님이 하는 이야기의 요점을 알면, "여러분은 어떻게 싸움을 피하겠어요?" 라고 묻는다. 예를 들면 "여러분에게 욕하는 사람이 있으면 어떻게 싸움을 피하겠어요?" 하는 것이다.

토론 후에 이런 제안을 할 수 있을 것이다.

"만일 여러분이 자신은 소중한 사람이라고 믿는다면, 여러분에게 욕한 사람한테 그가 필요없고, 그가 한 말이 아무 의미가 없다고 말하기로 선택하는 것이 가능하겠어요? 문제는 여러분이 아니라 그에게 있고, 여러분은 잘 하고 있으며, 여러분을 존중해주는 친구들이 많이 있다고 말 할 수 있겠어요? 네가 나한테 욕하는 것에 대해 왜 내가 걱정을 해야 돼, 무슨 상관이야, 네가 나에게 뭔데? 아무도 아니야."

여기서 선생님이 가르치려고 하는 것은, 만일 우리가 자신의 생활에 만족하고, 힘과 친구와 자유가 충분히 있다면, 욕을 먹는 게 무슨 상관이 있느냐 하는 것이다. 싸움이라는 것은 자신에 대한 확신이 없을 때 일어나지 않는다. 여러분을 곤경으로 몰아넣는 싸움을 피하고 잘 지내는 최선의 방법은 자신의 욕구를 만족시키기 위해 할 수 있는 모든 것을 하는 것이라고 가르쳐 준다. 또한 여러분이 싸우거나 싸우지 않기로 선택하는 것은 누군가가 여러분의 화를 일으키게 내버려두기로 선택하는 것과 똑같다는 것을 말해준다. 만일 누군가 여러분을 화나게 하도록 내버려 둔다면 여러분 자신이 아닌 그 사람이 여러분의 인생을 통제하고 있는 것이다.

"다른 사람에 의해 여러분이 화를 냄으로써 그 사람이 여러분을 통제하도록 하는 것은 현명한 일입니까?"

여러분이 허락하지 않는 한 아무도 여러분이 가지고 있는 것을 가져갈 수가 없다는 사실을 가르쳐 주도록 한다. 자기가 곤경에 처하지 않기 위해 싸움을 하지 않기로 선택하는 힘은 여러분 자신이 가지고 있다. 만일 어떤 사람이 여러분을 화나게 한다면, '그것은 네 의견이지 내 의견은 아니다, 내 의견은 네 의견보다 낫다' 라고 이야기할 수 없을까.

전 과정을 복습시키고, 배운 것을 실제로 적용할 수 있다고 학생들에게 이야기해준다. 이것은 새롭고, 시간이 걸리므로 선생님은 학생들이 좌절했을 때 결심하는 선택과 욕구들을 이용해서 좌절했을 때 어떻게 하면 논쟁도 하지 않고 싸우지 않을 수 있는지, 그 방법을 가르쳐 주면 학생들에게 도움이 될 것이다.

선생님이 가르치기 시작한 것은 선택이론이라고 말해주고, 이것은 선생님이 가르치려고 해온 다섯 가지 욕구를 가장 적절하게 만족시키기 위해 항상 자신의 삶을 통제하고자 노력하는 방법에 관한 이론이라고 해준다. 학생들이 배운 것을 자신의 삶에 적용할 수 있다고 일러준다. 선택이론에 대해 더 이야기하고 싶은 것들이 있는지를 물어보고, 많이 배우면 배울수록 자기 인생을 더 잘 통제할 수 있게 되고, 따라서 더 행복해질 수 있을 것이라고 말해준다.

이상은 선생님이 지도할 때 학생들에게 선택이론을 소개하여 자신의 삶에 적용하도록 하기 위해 할 수 있는 하나의 간단한 예에 지나지 않는다. 선생님은 선택이론이 재미있고 훌륭한 가치가 있다는 것을 발견할 것이며, 수년간 되풀이하여 가르치면서 발전할 수 있을 것이다.

이상의 가상적인 토론은 선생님이 질적교사가 되는 데 도움이 되도록 이 책에서 소개한 수많은 제안 중 하나에 지나지 않는다. 여러분이 선택하는 것은 내가 여기에 쓴 것과 차이가 있을 수도 있다. 만약 선택이론을 가르치는데 어려움을 느낀다면 연구소로 편지를 보내면 된다. 어려운 점에 대해서 또는 이 책에서 소개한 어느 제안에 관해서라도 조언을 해드릴 수 있다면 기쁘겠다.

12. 성적을 채점하지 않는 효과

자율적 연구활동이 성공적이라는 것을
우선적으로 증명하자.
좋은 연구결과를 학생들 스스로
발표하게 하여 좋은 학교의 요구를
충족시켰다는 동의를 구하도록 한다.

모든 학생들이 얼마간의 질적학습을 하기 전에는 어느 학교도 '좋은 학교'가 아니다. 초기에는 그 양이 많지 않아도 되지만, 학생들과 교사 양쪽이 협의하여 모두 질적이라고 믿고 학기 전반에 걸쳐 전개되는 주요한 교육적 기획연구 활동이 적어도 하나는 있어야 한다. '좋은 학교'가 되겠다는 의사표명을 분명하게 밝힌 학교에서 이 연구활동을 시작하는 시기는 교사 개인의 결정에 달려 있다.

그러나 교사가 ① 강압적 통제를 상당량 감소시키고, 모든 학생들과 따뜻하고 다정한 관계가 되었으며 ② 효용가치가 있는 공부만 가르치기 시작하고 어떤 평가에서도 기계적 암기를 제거했고 ③ 학생들에게 자기를 평가하는 것을 가르치기 시작했다고 생각하면, 곧장 첫 번째 연구과제를 배정할 준비가 되었다고 본다.

만일 여러분이 중등학교 교사라면 이 연구과제는 보통 인문계로 한 과목만 선정하도록 한다. 여러 교사들이 함께 모여 질적연구 과제를 시작할 때는 꼭 하나만 선정하도록 해야 할 것이다. 이 점은 학생 대부분이 이러한 연구과제를 처음 시도하기 때문에 아주 중요하다. 만일 너무 많이 배정되면, 학생들은 용기를 잃게 될지도 모른다. 이 시도는 학생들이 첫 연구활동을 기회로 이전 학교에서는 한번도 경험해본 일이 없지만 스스로 보람있다고 믿는 공부를 즐기게끔 하려는 것이다.

초등학교와 중학교 학생들에게 이 연구활동을 하는 것에 대해 광범위하게 얘기해 왔다. 경험해 보지 못한 것을 개념화한다는 것

은 어렵지만, 시도해 봤으면 좋겠다는 데에는 거의 모든 분들의 의
견이 일치했다. 나는 토론을 시작하면서 과거에 했던 수업이나 학
교활동 중에서 질적연구였던 것같이 생각되는 것이 있는지 물어봤
다. 대개의 경우, 그들은 자신이 한 것을 쉽게 기억해 내고, 그것을
아주 긍지로 느끼면서 이야기하고 싶어한다. 이야기할 때는 여러
해 전에 있었던 일인데도 아주 익숙하게 설명하면서 얼굴이 밝아
지는 것을 보면, 그 경험이 그들의 교사 경력 중에서도 절정 경험
중 하나였다는 사실을 쉽게 알 수 있다. 비록 질적연구로서 선정한
것은 아닐지라도, 토론 가운데 그런 것으로 밝혀진 것이다.

그래서 그들한테 다시 이런 것을 할 용의가 있는지 물었더니, 관
심이 있다고 했다. 내가 한 것은 약간의 구체적 제안이었는데 그들
도 내 제안이 해 볼 만한 충분한 가치가 있다는데 동의했다. 내가
제안한 것을 설명할 테니, 선생님은 설명대로 해볼 수도 있고 선생
님 방식대로 할 수도 있다. 선생님이 적합하게 생각하는대로 내 제
안을 수정해도 좋다. 선생님의 학생들에게 필요한 것은 질적학습을
체험하는 것이라는 사실을 명심하면 된다. 이만한 학습가치에 대한
가시적 증거 없이 '좋은 학교'를 이야기하는 것은 무의미하다.

나는 초등학교와 중등학교 학생들이 배우고 싶은 것을 골라서,
선생님과 부모, 개인 지도교사의 자문을 받기는 하되 거의 혼자 힘
으로 공부하라고 제안했다. 학생들은 여러차례 자기평가를 하면서
(9장 참조) 자신이 해온 공부가 질적학습이라는 사실을 믿게 될 때

까지 계속 공부해야 한다. 주제 부문은 개방적이어야 한다. 학생들의 주제 선정은 자기가 배울 수 있고 충분히 배운 것을 어떤 방식으로든 보여줄 수 있어서, 자기가 완성한 공부가 각자 의견으로 질 높고 즐거운 경험이었다는 견해에 도달할 수 있는 것이라면 어느 것이나 할 수 있다고 말했다.

고등학교 학생들이 하는 연구 활동은 주제의 범위를 넘어 몇몇 교사들에게 자문교사 역할을 부탁할 수 있다. 초등학교에서는 자기 담임이 상담의 큰 비중을 담당하게 될 것이다. 이 경우 모두 학생들은 자기 연구과제에 관심이 있고 도움을 청하고 싶은 사람을 선택하도록 격려해 주어야 한다. 더 많은 사람들이 관련을 가지면 가질수록 더 많은 것을 배울 것이며, 관심있는 분에게 자기가 하고 있는 것을 이야기하는 것은 무엇이나 많이 배울 수 있는 가장 좋은 방법 중 하나이다.

학생들에게 맡겨진 일은 자신이 질을 성취해 왔다고 생각될 때까지 계속 학습 연구를 하는 것이다. 자기 학습이 질적이었다는 점을 보여주는 방법에 대한 결정은 학생 자신에게 달렸으며, 종결 시점을 결정하는 것도 그들에게 달렸다. 교사는 도움을 주되 너무 많은 것들을 지시하지 않아야 한다.

이러한 연구학습이 일반적 학교교육과 뚜렷이 구별되는 점은 성적을 매기지 않는다는 사실이다. 연구에 많은 생각과 노력을 들였다는 것을 보여줄 수 있고, 그 과정에서 몇번 평가했다는 약간의

증거를 제시하는 한, 그 연구학습은 받아들일만 할 것이다. 의도하
는 바는 자기가 관심이 있는 것을 배우면 기쁘고 유익하다는 것과,
점수는 필요하지 않다는 사실을 학생들에게 가르친다. 채점되지 않
은 학습에 대해서는 학생도 교사도 의심이 많다는 사실은 인정하
지만, 반면에 자기들은 노력할 마음의 자세가 되어 있다고 학생들
이 말하는 것을 들었다. 함께 이야기를 나눈 후, 학생들은 채점하지
않는 배우기 위한 학습의 타당성을 이해하는 것 같았다.

이러한 학습은 또한 협동과제로 선정될 수 있으면 좋을 것이라
고 생각된다. 만일 협동연구라면, 첫번째 학습을 함께 하는 학생은
2명 이상을 넘지 말아야 한다. 이것이 후에 정규 과정으로 정착되
면 서너 명이 함께 하도록 권장할 수 있지만, 처음에는 2명 이상이
안되도록 하라. 학생 각자가 자신이 힘을 합친 부분을 기록해 두도
록 하면, 한 사람이 대부분을 하고 다른 한 사람이 베끼는 것이 아
닌, 협동학습이었다는 사실에 대해 의심하지 않을 것이다.

연구학습에 엄격한 시간 제한은 없어야 한다. 1년 안에 끝나지
않을 수도 있다. 필요한 것은 연구 진행과정을 점검하기 위해서 연
구지도 교사나 또는 별도의 자문교사들과 모임을 갖는 것이다. 연
구를 마치는 것은 연구를 시작해서 질적학습 경험을 하는 것만큼
중요하지 않는다. 데밍이 말했듯이 지속적 향상은 질을 성취하는
열쇠이며, 우리가 가르치고자 하는 질은 진정 끝이 없다.

'좋은 학교'에서 우리가 학생들에게 이해시키고자 하는 점은 지

적 성장이 어떤 것을 끝내고 연이어 다른 것을 함으로써 이루어지는 것이 아니라 계속 그것에 대해 생각하고 부지런히 연구함으로써 이루어진다는 사실이다. 학생들이 배워야 할 것은 질의 공정이다. 일단 그것을 배우면 질적 생산이 뒤따를 것이다. 내가 여기서 설명하고자 하는 그 공정을 배우지 않는다면, 결코 질적 생산품은 완성하지 못할 것이다.

현재 우리 학교교육에서 잘못된 것은 바로 이것이다. 학생들은 학습을 하고 끝내지만, 방법과 과정은 좀처럼 질을 수반하지 않는다. 결국, 이와 같은 자율적 기획연구가 '좋은 학교' 교육과정의 주요 부분이 되겠지만, 이러한 첫 연구학습을 필수적인 것으로 요구해서는 안될 것이다. 이 학습과정이 적절하게 제시된다면, 대부분의 학생들은 받아들일 것이다. 학습효과가 나타나고, 이 학습을 자원한 많은 학생들이 연구를 즐기기 시작하고, 얼마나 재미있는지에 대해 이야기하기 시작하면, 자원하지 않았던 학생들도 관심이 생겨 시작할 용기를 낼 것이다.

시작하지 않는 것에 대한 벌칙이 있어서는 안되며, 그들이 시작할 때는, 누구도 "내가 그럴 거라고 말했었지" 라고 말하면 안된다. 이러한 자율적 연구활동이 성공적으로 되었다는 것이 증명된 후라야 점수를 매기지 않은 질적연구 결과를 학급 친구들에게 발표하여 '좋은 학교'의 요구를 충족시켰다는 동의를 구하게 된다. 이 단계를 걱정하기에 앞서, 우리는 이것을 현실에서 적용하는 방법에 관하여 더 많은 자료가 필요하다.

일반적으로 '좋은 학교'에서는 학생들에게 학습을 강요해서는 안되며, 학생들이 공부하기를 원해야 한다. 이와 같은 자율적 기획연구활동은 '좋은 학교'가 이런 학습을 성취시킬 수 있게 되었는지를 시험하는 데 적합하다.

예비 기획연구

많은 학생들이 자율적 기획연구학습을 구상하는데 어려움을 느끼고 도움을 필요로 할 것이다. 만일 그들이 연구하기에 너무 어려운 것을 선정하거나 생각보다 재미없게 되면, 재평가하여 다른 연구과제를 선정하도록 격려해야 한다. 어느 학생도 자기가 관심이 없는 연구에 갇혀서는 안된다. 배움의 한 부분은 이 점을 발견해 내는 것이다. 몇번씩 다시 시작하고 나서야 마침내 무엇인가 학습할 것을 발견할지도 모른다. 다시 말하지만, 이 과정이나 방식은 그 성과보다 더 중요하다.

어느 고등학교 학생이 교정에 무기 반입을 금지하는 것을 학습과제로 선정했다고 하자. 그 학생은 현재 이 문제를 여러 학교에서 어떤 방법으로 다루고 있는지 조사할 것이며, 자기 학교 학생들과 선생님, 그리고 학부모들에게 돌릴 설문지 작성방법을 배우고, 그 조사 결과를 분석하여 결과를 밝혀내는 것도 배울 수 있을 것이다. 경찰, 정치가들과 그 주제에 대한 그들의 견해에 관해 면담하고, 또한 총기 검열에 관한 과학적 기술이 개발돼 있다는 사실도 발견하게 될 것이다. 학생은 고문 선생님과 의논하여 자기가 알아낸 것을 대중에게 홍보하는 최선의 방법을 생각해 내고, 이러한 민감한 주제에 대해 시 교육위원회에서 토론회를 주재할 수도 있을 것이다. 또는 어느 한 학교 또는 여러 학교에 다니면서 자기가 발견해 낸 것을 토대로 각 학교가 참여하는 활동단체를 발족시키기 위해 노력해 볼 수 있을지도 모른다.

이와 같은 연구과제는 종종 일년이 걸릴 수도 있고, 더 오래 걸릴지도 모른다. 그 학생은 자기 연구조사 결과를 일괄하여 홍보할 줄 알게 될 것이며, 이것이 그의 글쓰기 능력을 키우고, 그에게 있을지도 모를 예술적 소질을 쏠 기회를 제공할 것이다.

사회학과 역사 측면도 분명 있을 것이다. 금속탐지 방법과 기타 장치의 작동법을 조사하면 과학의 영역에 해당되고, 이 모든 비용이 경제학을 수반할 것이다. 모든 교사들은 잠재적 고문 선생님이고, 그 학생은 자기가 배운 것과 아직 배우고 있는 것이 매우 유용하다는 것을 알게 될 것이다.

4학년 학생은 치아 보건을 연구하기로 결정할 수 있으며, 다이어트에서 치약, 풀루오르화 물질에 이르기까지 다양한 것들을 연구할 수 있을 것이다. 이용 가능한 치과 의사와 그 비용 또한 연구 대상이 될 것이며, 다른 나라에서는 이 문제를 어떤 방법으로 다루는가 하는 것은 이 연구의 중요한 부분이다. 마지막에는 우리 제도가 이 사회의 요구에 더 호의적으로 부응하려면 어떤 변화가 필요할지, 여기에 대한 어떤 권고 사항도 제안할 수 있을 것이다.

내가 이러한 보기들을 제공하는 것은 학생들의 학교교육에 있어 주요 부분이 될 수 있다는 것을 보여주기 위한 것일 뿐이다. 첫번째 연구활동부터 이 정도로 방대해야 하는 것은 아니다. 그 과정에서 처음에는 아주 작은 규모의 연구가 아주 크게, 심지어 여러 해 소요되는 과업으로 발전하기도 한다.

질적과정을 이해하는 것뿐만 아니라 자신의 인생 여정을 바꿀 수도 있는, 무엇인가에 전념하도록 학생들을 이끄는 노력이 있어야 할 것이다. '좋은 학교'의 전체적 핵심은 만일 학생들이 학교에서 가르치고자 하는 것을 기꺼이 배울 마음의 준비만 되어 있다면, 학교는 각자의 삶의 질이 향상되는 곳이라는 사실을 납득할 수 있도록 하자는 것이다. 현재 이러한 사실을 아는 학생들은 극히 드물다. 거의 모든 학생들이 이러한 사실을 깨우치도록 우리는 필사적인 노력을 경주할 필요가 있다고 본다. 여러분이 동의하면, 최선을 다해 도와드리도록 하겠다.

선생님들은 새로운 과정에 착수하고 있다. 이 작업이 쉽지는 않겠지만 할 수는 있다. 이것에 대한 보상은 선생님과 선생님의 학생들이 함께 하는 것을 즐겁게 한다는 사실을 발견하고, 선생님과 학생들 삶의 질이 실질적으로 향상된다는 것이다.

에필로그

최근에 '좋은 학교' 소개 강연을 마치고 나니 미시간주에 계신 한 교사가 내게 편지를 하나 건네 주었다. 그의 동료 교직원들은 거의 모두 '좋은 학교' 이상 실현에 관심이 전혀 없지만, 자기는 아주 관심이 많다고 했다. 그는 이미 수업 중에 내가 이 책과 『좋은 학교』에서 제시하는 것들을 충분히 실천하고 있으니까 자기가 질적수업 지도교사로 정식 임명되어야 한다고도 했다. 그리고는 자기가 하고 있는 많은 것들을 설명해 주었는데 '좋은 학교' 수업과 똑같지는 않아도 근접한 수업 운영을 한다는 사실에는 의심의 여지가 없었다.

그가 요청한 것을 생각해 보니, 합당한 것 같았다. 그처럼 아직 '좋은 학교'에서 가르칠 기회는 없었지만 이 이상을 신봉하고 실현하면서 자신이 하고 있는 것에 대한 다소의 인정을 받기 원하는 사람들이 많을 것이다. 이 책이 '좋은 학교'를 표방한 학교에서 가르치는 교사들을 대상으로 쓰이기는 했어도, 나는 이들 외에 많은 사람들이 읽을 것을 확신한다.

그같은 교사들에게 내가 해주고 싶은 것은 그가 요청한 그대로이다. 즉, 선생님 반이나 수업에서 진행되고 있는 것을 자기평가하고 질적 학습을 선도하고 있다면 선생님의 소식을 듣고 싶다. 선생님이 동의한다면, 그러한 사실을 진술하는 자격증 같은 것을 선생님 교실의 벽에 붙여 놓을 준비가 되어 있다. 선생님이 질적수업을 선도하고 있다는 주장을 증명하기 위해서, 적어도 아래 내용들을 보내주었으면 한다.

1. '좋은 학교' 개념이 선택이론을 기초로 한 것이므로 선생님은 어떻게 선택이론을 배웠으며, 일과생활 속에서 어떻게 활용하고 있는지에 대해 요약해서 보내주면 된다. 이것은 중요하다. 왜냐하면 모든 다른 교과과정들을 떠나서 '좋은 학교'나 질적 수업을 정착시키는 것은 선택이론을 알고 활용하는 것이기 때문이다.

2. 강제성을 띠지 않고 선생님의 지지와 서로 간의 따뜻한 지지를 강조하는 가운데 학생들과의 대화를 통해 학급에서 발생하는 문제와 그 상황을 다루는 방법에 대한 설명.

3. 가르치는 것의 유용성을 설명하는 방법과 유용하기 때문에 학생들에게 가르치는 것을 학생들이 어떻게 수용하는가 알 수 있는 방법에 대한 설명이다. 특별히 나는 보통 요구하는 암기식 학습의 제거 방법에 관심이 있다.

4. 학생 보조교사들의 도움을 받아 동시평가를 선생님의 수업에 적용하는 방법과 마찬가지로 선생님의 학생들이 자신의 학습을 평가해 온 방법을 견본으로 보고 싶다.

5. 선생님이 하고 있는 것에 대한 각 학생으로부터의 지지적 진술서이다.

6. 선생님이 만일 자율학습 능력이 있는 학생들을 가르친다면 각 학생에게서 나온 질적학습 견본 한 편이다. 학생이 많은 중등

학교 교사라면 몇 편의 질적학습 견본을 보낼지는 선생님이 판단하기 바란다.

7. 선생님의 지도방식에 대한 학부모님의 지지적 평가서.

8. 그 밖에 한 것들 중에서 선생님 반이 질적학급이 되었다는 증빙서류라고 생각하는 것.

만일 선생님이 적어도 2년 반 동안 지도한 후에 이러한 상태에 도달할 수 있으면, 선생님은 질적학급 교사로 임명받을 준비가 된 것이다. 어떤 양식을 따를지는 아직 결정되지 않았지만, 많은 선생님들이 이러한 임명을 받기 위해 준비하며 지도할 것이라는 기대에 부풀어 있다.

선생님은 같은 학교의 동료 교사들에게도 이런 방향으로 나가도록 촉매 역할을 할 수 있다. 또한 선생님이 하고자 하는 것에 대한 실질적 지원이 있는 곳으로 전근을 원할 때가 오면 이 임명장을 그 계약학교의 고용 책임자에게 보여줄 수도 있을 것이다. 이러한 제안은 계약 서명을 마치고 전교가 '좋은 학교'가 되기 위해 노력하는 학교 교사들에게는 해당되지 않는 사항이라는 점을 주목하시기 바란다. 그런 학교에서는 모든 교사가 이제 '좋은 학교'의 질적 교사로 임명될 것이다.

학교 자체가 '좋은 학교'로 선정되기에 앞서 교사들에게 질적학급 교사자격증을 별도로 주는 것은 비생산적이며 분파적일 것이다.

이렇게 하는 것이 기본적 개념을 변질시키지 않은 채 '좋은 학교'
의 이상을 실현하는 방식이며, 전교가 참여하게 되는 길이 될 것이
다. 만일 질문이 있으면 우리 연구소로 연락해 주기 바란다.

감사의 글

　이러한 교육이념을 적용하기까지 많은 노력을 아끼지 않은 연구
소 직원들과, 교육행정가들, 그리고 교사들에게 감사를 드리고 싶
다. 또한 여러 기관에서 이 이념에 대한 이해를 돕고 그 확산을 위
해 헌신적으로 일하는 모든 분들에게도 감사드린다. 혹 의문나는
점이 있으면, 연구소로 전화를 주시기를 바란다. 여러분에게 도움
이 되는 일이라면 또 우리가 할 수 있는 것이라면 무슨 일이든지
하고 싶다.

백년지대계를 설계하는 첫걸음

1991년 윌리암 글라써 박사가 창안한 현실요법 도입을 계기로 현실요법연구회가 발족한 이래 많은 성장을 거듭하면서 '좋은 세상 만들기'에 이바지하여 왔다. 그 과정에서 우리가 당면하는 청소년 문제들과 이 사회에 산재한 혼란과 좌절을 극복할 수 있는 또 하나의 길을 학교교육의 개혁으로부터 모색하기를 바라던 중에 『좋은 학교』를 만나게 되었으며, 이 이론에 기초를 둔 좋은 학교운동을 본 연구소에서는 1997년 11월에 본격적으로 전개하기에 이르렀다. 이러한 '좋은 학교'의 질적 교사를 지향하는 학교 교사들을 위한 지침서로서 이 책을 뒤이어 내게 되었다.

'좋은 학교' 교육이념은 글라써 박사의 선택이론을 바탕으로 하였다. 학생과 교사가 서로 사랑하고 신뢰하는 가운데 내면적 통제력을 기르고, 자율적 학습을 선택하고 계획함으로써 지속적 향상을 자율적으로 주도해 가는, 이 공동체의 책임있는 구성원이 되는 것을 교육의 목표로 하였다. 인간의 기본욕구인 사랑, 자유, 재미 및 생리적 욕구를 만족시키는 교육환경을 보장하는 신바람나는 학교는 분명 '좋은 학교'이리라.

이제 우리 사회에 내실있는 좋은 교육의 성과를 열망하는 사람이라면, 교사, 학부모, 그 밖에 모든 대소 지역공동체 지도자들에게도 이 책을 권하여 더불어 좋은 세상이 확장되기를 바라는 마음 간절하다.

교육을 백년지대계라 함은 한 나라의 백년 앞을 내다보고 교육

을 설계한다는 의미 외에도, 인생을 칠십으로 가정했을 때 평생 배
움이 그 칠십 년을 넘어 자자손손 後대에까지 미치리라는 의미로
도 음미해 봄직하다. 이러한 한 평생 배움의 바탕을 우리 자녀들에
게 일찍부터 어찌 마련해 줄 것인가. 이 『좋은 선생님이 되는 비
결』이 본질적 교육개혁을 위한 또 하나의 대안을 제공해 줄 수 있
을 것으로 보인다.

1998년 3월

현실요법연구회장, 한국심리상담연구소장

김 인 자

옮긴이 박정자는 서강대 영문과를 졸업하고
미국 University of California Southern에서 교육학 석사학위를
받았다. 오랫동안 우리말 강사를 역임하였으며 현재 메릴랜드 대학
한국어 강사로 있다. 서강대 국제평생교육원 한국어 프로그램 코디네이터이며
ET 강사로 활동 중이다.

선택이론으로 '좋은 학교' 만들기

좋은 선생님이 되는 비결

제1쇄 발행 1998년 3월 15일
제2쇄 발행 2004년 2월 20일

지은이 • 윌리암 글라써
옮긴이 • 박정자
펴낸이 • 김성호
표지장정 • 표현디자인
펴낸곳 • 도서출판 사람과 사람
주소 • 서울시 마포구 연남동 228-20(3층)
전화 • (02)335-3905~6
팩스 • (02)335-3919
등록 • 1991년 5월 29일 제1-1224호
통신 • P91529@chollian.net

값 6,000원

ISBN 89-85541-28-5 03180
판권 본사소유/잘못된 책은 바꿔 드립니다.